未成年人互联网隐私保护研究

孟禹熙 著

中国国际广播出版社

图书在版编目（CIP）数据

未成年人互联网隐私保护研究 / 孟禹熙著. —北京：中国国际广播出版社，2022.5
ISBN 978-7-5078-5132-8

Ⅰ.①未… Ⅱ.①孟… Ⅲ.①少年儿童－互联网络－个人信息－隐私权－法律保护－研究 Ⅳ.①D913.04

中国版本图书馆CIP数据核字（2022）第078667号

未成年人互联网隐私保护研究

著　　者	孟禹熙
责任编辑	刘　丽
校　　对	张　娜
版式设计	邢秀娟
封面设计	赵冰波

出版发行	中国国际广播出版社有限公司　[010-89508207（传真）]
社　　址	北京市丰台区榴乡路88号石榴中心2号楼1701
	邮编：100079
印　　刷	天津市新科印刷有限公司
开　　本	710×1000　1/16
字　　数	140千字
印　　张	10
版　　次	2022年6月　北京第一版
印　　次	2022年6月　第一次印刷
定　　价	42.00元

版权所有　　盗版必究

前　言

少年智，则国智；少年强，则国强。

今朝之春芽，明日之栋梁。青少年不仅是每个家庭的未来和希望，更是我们民族和国家的未来与希望。

教育好孩子，帮助他们健康成长，从懂事之际就帮助他们逐步树立起正确的世界观、人生观、价值观，使其意识、伦理、思想、道德和行为，都在正常、正确和正道的范围内，几乎是每一位"中国式"家长的共同心愿。

但这种心愿及其所主导下的家长行为，如果没有边界、没有敬畏、没有禁区，则容易对孩子的健康成长带来难以觉察、难以挽回的伤害。

无论是在互联网之前的时代，还是互联网高速发展的当下，家长对孩子的各种期待和基于这种期待的种种对孩子的干预行为，都需要考虑适当的边界。家长在该收手的地方，就需要知道并且懂得如何收手，如何给孩子健康成长以相对独立的空间。

问题是，并非每一位家长都知道怎样尊重孩子，知道在哪里收手、在哪里止步。现实生活中家长和孩子间的冲突并不少见，因家长和孩子之间的冲突而发生极端性事件，比如离家出走、自残、自杀等也屡见不鲜。

这种情况下，以法律意义上的隐私权为基准，倡导家长和孩子之间合理的边界意识，给孩子以基本的尊重和选择自由，应当成为社会性共识，也是社会各界，包括每一位家长需要共同配合完成的任务。

越是在孩子成长的早期阶段，家长就越是应当承担更主动、更全面的责任或义务。同时，社会各界，尤其是理论工作者，也应当不断探索不同媒介环境下，尤其是当前不断发展的网络环境下，无论是作为个体还是作为群体的青少年隐私利益、隐私期盼及隐私诉求，以更加积极、主动、理性的方式，为青少年在网络环境下的健康成长贡献自己的智力成果。

孟禹熙同学的《未成年人互联网隐私保护研究》一书，对网络环境下如何理解青少年隐私保护所遇到的新问题、如何构建网络环境下青少年隐私及其他相关利益的保护性框架，都有参考价值和意义。

中国传媒大学教授、人类命运共同体研究院副院长　王四新

内容提要

随着传播技术的不断发展，未成年人互联网隐私保护已经成为各方关注的重点，互联网隐私保护事关未成年人的身体和心理健康，事关儿童权利的实现，更事关家庭的和谐稳定，关乎整个国家的未来和发展，理应得到政府、社会、家庭、学校等多方的重视，但是已有的研究数量少，研究不够深入，无法从儿童权利的角度、媒介环境的变迁角度整体地、历史地、发展地看待这个问题。

本研究从未成年人的法律概念入手，从古希腊、古罗马以及古代中国的法律制度入手，探寻未成年人保护的相关法律法规，从儿童权利的角度来看待未成年人概念的产生和发展。本研究还从媒介环境学派的情境理论出发，从媒介演进和发展的角度来观察整个社会变迁，探讨媒介与未成年人权利以及媒介与隐私的关系。印刷媒介的出现将儿童与成年人的信息环境进行了分隔，让儿童从成年人中分离出来；报纸媒介推动并促进了儿童权利的发展，而电视媒介则让儿童与成年人的信息环境重新融汇在了一起。

进入互联网媒介环境后，整个社会情境被重新建构。一是时间性和空间性的同时拓展，麦克卢汉的"地球村"预言已变成现实。二是传统传播模式的消解及新的社交情境的建立。把关人的消解，单向传播向多向传播转变，匿名传播的普遍出现。三是"公域"与"私域"的进一步模糊，导致传统的隐私保护方式所起到的作用进一步被弱化。四是信息环境分割仍然为未成年人互联网隐私保护的主要方式。互联网环境依然延续了电视媒介中将成年人与未成年人信息场分隔的保护思路。五是智能传播环境的新问题。AI、5G等技术的应用，对于个人信息收集和分析更加容易、便捷，极易实现精准营销。处于高位的网络运营商凭借海量信息的优势更加容易对相对弱势的未成年人进行数据绑架、数据压榨，使得未成年人互联网隐私的保护越发艰难。

为了保护未成年人的健康成长，当前各国主要采用的保护未成年人互联网隐私的方式，仍然是阻隔儿童与成年人的信息环境，即通过立法、技术手段来阻隔儿童进入成年人的信息环境；或者将儿童的信息分离出来，进行特殊保护；或者用技术手段禁止未成年人进入某些网站；或者只允许未成年人使用某些网站；儿童可以在一定范围内删除自己在互联网上的印记等。

本书研究了美国和欧盟对于未成年人互联网隐私保护的措施，从法律层面上看，主要包括四个方面：以"父母同意"为核心的保护措施，以"被遗忘"为核心的保护措施，平衡父母威权与未成年人互联网隐私权的措施和平衡未成年人互联网权利的保护措施。以"父母同意"为核心的保护法令，主要是指网络运营商必须经过父母同意才可以收集13岁以下未成年人的信息。以美国《儿童在线隐私保护法》和欧盟的《通用数据保护条例》为代表，这种模式虽然受到大多数国家青睐，但是仍然存在争议。

以"被遗忘"为核心的相关立法，主要包括《通用数据保护条例》，美国"橡皮擦"法案与儿童"防追踪"法以及法国的"逝后遗忘权"理念。以"被遗忘"为核心的立法的初衷是非常好的，但实践起来非常困难。一是权责难以分明，二是发布到网络上的内容很难真正被删除。除了立法之外，欧美地区未成年人互联网隐私保护还包括互联网行业自律、媒介素养教育等。美国与欧盟虽然在未成年人隐私保护立法上都选择了以"父母同意"原则和"被遗忘"为核心，但是两者的内核却有着极大的差别。美国对隐私的保护偏向于"自下而上的弱保护"，即更相信市场的力量，美国将14岁以上的未成年人隐私保护交给行业自律，且珍视表达自由多于隐私权利。而欧盟则是"自上而下的强保护"，将隐私权视为人格尊严的一部分，严格立法保护16岁以下的未成年人（成员国可自主选择年龄，但不低于13岁），部分成员国通过法律来解决父母威权和未成年人隐私的矛盾。两种立法模式，也为我国更好地做好未成年人互联网隐私保护提供了思路。

智能传播时代的到来，新的隐私保护理论不断提出，主要包括隐私设计理论和情境脉络完整性理论。两种理念已经在欧盟《通用数据保护条例》、英国《年龄适宜设计：网络在线服务行为守则》以及美国《2015年消费者隐私权法案》中有所反映。这两种理念的优势一是从源头开始保护未成年人互联网隐私，二是避免了传统的"二分法"保护方式，三是能更好地平衡未成年人互联网隐私权与父母威权等。但是仍然存在一些需要解决的问题，如不同文化风俗下隐私期待的不同标准如何统一等。

本书通过将中国与欧美未成年人互联网隐私保护措施比较研究，为我国未成年人隐私保护提出建议对策。

从行业自律层面上看，一是中国的互联网行业反映的更多的是政府的意志，自主性尚未被激活。二是整个行业内部相对混乱，行业自律组织效用不大，既没有统一的规章制度，也没有统一的行动。

从媒介素养和隐私教育层面看，在中国的学校教育体系中，无论是媒介素养教育还是隐私保护教育，都是不足的，甚至是缺失的。

针对这些问题，本研究对中国未成年人互联网隐私保护提出了如下建议：

第一，重视人的价值和权利。当前我国对于人的价值和权利的认识和尊重需进一步加强，只有深刻理解了人的价值和权利，才能更加理解和正视儿童的特殊性以及儿童的价值和权利。

第二，法律层面上，一是建立"自上而下的强保护"法律体系。观照未成年人年龄差异及特殊性立法；立足本国实际，明确法律概念范围等。二是加快、加强立法，弥补法律空白。一方面是弥补"被遗忘"的相关立法，另一方面是对于父母威权与未成年子女隐私之间的平衡。利用法律来调整父母威权和未成年人互联网隐私更有利于实现"儿童利益最大化"。三是批判性吸收欧盟、美国未成年人互联网隐私保护立法的经验教训，找到适宜中国未成年人互联网隐私保护的最佳路径。四是将新的保护理论运用到中国未成年人互联网隐私保护实践中去。

第三，提升针对未成年人隐私保护的多元治理水平。一是推进政府与互联网企业的共律。二是推动行业自律组织发挥更大作用。三是加强媒介素养及隐私教育。学校教育上，增加互联网隐私保护课程，根据不同学生的年龄制定课程内容，教导学生如何保护自己的互联网隐私；从幼儿园或者小学开始逐步教导；加强对于学校老师、学校管理者未成年人互联网隐私保护的教育。社会教育上，一方面加强未成年人家长的媒介素养教育，另一方面加强互联网网民的媒介素养及隐私保护教育。

未成年人互联网隐私保护需要多元主体的共同努力和共同参与，真正实现尊重未成年人的权利，实现儿童利益最大化，为未成年人打造一个清朗的网络环境。

目 录

第一章 绪 论 / 001

第一节 研究的缘起与意义 / 001
一、研究的缘起 / 001
二、研究的意义 / 003

第二节 基本概念界定 / 004
一、隐私和隐私权 / 004
二、个人数据与个人数据权 / 005
三、个人信息 / 006
四、未成年人与儿童 / 007

第三节 文献综述 / 008
一、关于未成年人权利保护的研究 / 009
二、关于互联网环境下的隐私权研究 / 013
三、关于未成年人互联网隐私权的研究 / 015

第四节 研究思路 / 018
一、研究目的 / 018
二、理论基础 / 019
三、研究方法 / 020

四、本书的框架和主要内容 / 021

五、本书的主要创新和不足 / 022

第二章　未成年人隐私权保护的法律起源 / 023

第一节　未成年人的历史起源 / 023

第二节　未成年人权利的产生和发展及特殊性 / 026

一、未成年人权利的产生和发展 / 026

二、未成年人权利的特殊性 / 029

第三节　未成年人隐私权保护的重要性 / 031

一、实现未成年人的人格尊严 / 031

二、保证未成年人身心健康 / 032

三、实现未成年人其他网络权利的基础 / 032

第三章　媒介变迁下的未成年人隐私权保护 / 033

第一节　印刷媒介环境下的未成年人隐私权保护 / 034

一、印刷媒介诞生之前 / 034

二、印刷媒介对未成年人隐私权的影响 / 035

第二节　电子媒介环境下的未成年人隐私权保护 / 038

一、电子媒介对未成年人隐私权的影响 / 039

二、电子媒介环境下未成年人隐私权侵权的特点 / 040

第三节　互联网环境下未成年人隐私权保护的新问题 / 041

一、互联网媒介对新的社会"情境"的建构 / 042

二、互联网环境下未成年人隐私保护的特殊性 / 047

三、互联网环境下未成年人隐私保护的理论和现实困境 / 050

目录

第四章　美国与欧盟未成年人互联网隐私保护研究 / 053

第一节　以"父母同意"为核心的保护理念及相关法律实践 / 053
一、美国《儿童在线隐私保护法》的立法内容及过程 / 054
二、美国相关司法判例、审判思路及价值分析 / 059
三、欧盟相关立法 / 065

第二节　以"被遗忘"为核心的保护原则 / 071
一、欧盟及其成员国的"被遗忘"相关立法 / 072
二、美国"橡皮擦"法案与儿童"防追踪"法 / 074

第三节　平衡未成年子女隐私权与父母威权冲突的保护措施 / 077
一、欧盟及其成员国的司法判例及价值分析 / 079
二、美国的平衡措施及价值判断 / 083

第四节　以未成年人互联网权利平衡为宗旨的保护模式 / 084
一、未成年人隐私权与表达自由 / 084
二、未成年人隐私权与父母威权 / 086
三、未成年人隐私权与网络安全 / 088

第五章　多元治理视域下的未成年人隐私保护及新理论 / 090

第一节　互联网行业自律中的未成年人隐私保护 / 090
一、互联网行业自律的优势 / 091
二、美国与欧盟互联网行业自律的主要措施 / 091
三、互联网行业自律中需要改进的内容 / 095

第二节　以隐私保护为主的媒介素养教育 / 098
一、媒介素养教育的概念及内涵 / 098
二、媒介素养教育中的隐私保护教育 / 099

第三节　未成年人互联网隐私保护的新理论及实践 / 102

　　一、隐私设计理论 / 102

　　二、情境脉络完整性理论 / 105

　　三、两种理论综合运用优势 / 107

第六章　对中国未成年人互联网隐私保护的对策建议 / 110

第一节　中国对未成年人互联网隐私保护现状 / 110

　　一、中国未成年人隐私保护相关立法 / 112

　　二、行业自律规范中未成年人互联网隐私保护内容及机制 / 116

　　三、中国未成年人互联网隐私保护相关案例 / 119

第二节　中国未成年人互联网隐私保护的建议对策 / 123

　　一、重视人的价值和人的权利 / 124

　　二、法律层面 / 124

　　三、行业自律层面 / 129

　　四、公民媒介素养及隐私教育层面 / 130

结　语 / 132

参考文献 / 134

后　记 / 147

第一章 绪 论

第一节 研究的缘起与意义

一、研究的缘起

英国史学家哈里·亨得利克（Harry Hendrick）曾感叹："如果女人是被隐藏在历史里，那么儿童则被排除在历史之外。"直到20世纪50年代，儿童史领域还被描述成"完全的处女地"。而对于儿童基本权利、儿童价值的保护也较晚出现在人类历史中。

进入20世纪以来，信息技术以前所未有的速度推动着人类的信息化进程。互联网已经成为人们生活中密不可分的一部分。根据调查显示，2019年，世界上有76.76亿网民，其中手机用户为51.1亿人，电脑用户为43.9亿人，而在这些网民中，大量是未成年人。根据联合国儿童基金的报告和信息显示，2018年全世界每天有超过17.5万名儿童第一次上网，平均每半秒钟就会新增一名儿童网民，全球互联网用户中三分之一是儿童。根据共青团中央维护青少年权益部、中国互联网络信息中心（CNNIC）于2020年5月13日共同发布的《2019年全国未成年人互联网使用情况研究报告》显示：中国的未成年人互联网普及率达93.7%，未成年网民规模达1.75亿人。

信息以前所未有的广度和深度被开发利用，信息成为像黄金、石油一样重要的资源。尤其随着大数据和人工智能时代的来临，隐私保护似乎成为一种"奢侈",隐私信息成为人们换取便利服务的筹码,是各大互联网服务提供商争相利用和榨取的新时代"黄金"和"石油",在公众看来只是用简单的手机号码换取的福利,却不知道隐私信息泄露之后的巨大隐患。

近年来,世界各国都出现了大量的信息泄露的问题,如Facebook(脸书)泄露用户隐私事件、圆通十亿用户信息泄露事件、瑞士数据管理公司Veeam泄露4.45亿条用户数据等,不仅成年人的隐私面临重重难题,作为互联网"弱势群体"的未成年人,其隐私保护问题也引起了多方关注。不少国家都加强了对未成年人隐私保护的力度,2018年欧盟通过了《通用数据保护条例》,对16岁以下的未成年人隐私进行了更为严格的保护。2019年9月,美国联邦贸易委员会因互联网巨鳄油管(YouTube)非法收集未成年人信息而对其罚款1.7亿美元。2019年英国专门推出了保护未成年人互联网隐私的《年龄适宜设计:网络在线服务行为守则》。可以看到,近年来未成年人互联网隐私保护越来越成为世界关注的焦点。如何更加有效地保护未成年人互联网隐私,是世界需要共同面临的难题。

为了解决这一难题,世界各国都不断加强未成年人互联网隐私保护,欧盟各国、美国等国在立法上、网络平台自律上、学校教育、家庭教育等方面都有非常多的尝试,但是仍然存在诸多理论问题和实践问题有待解决和探索。

之所以选择未成年人互联网隐私保护作为研究对象,一方面是对于当前互联网技术发展与个人隐私保护之间矛盾产生的困惑,希望能通过本研究寻找到一种路径来平衡技术发展与人类基本权利,尤其是对于未成年人这种特殊权利群体的保护,并能够从理论方面进行一定的探索。另一方面是当前欧美等国对于未成年人互联网的隐私保护都提出了自己的法律主张、行业规范等,我国对于未成年人互联网隐私保护的探索尚处于初级阶段,国外的监管经验有哪些优势和劣势,有哪些经验是在我国未成年人互联网隐私保护中可以学习和借鉴的部分。基于我国客观现实,希望能够通过本研究为未成年人的互联网隐私保护探索可行的方案。

二、研究的意义

（一）本书对于深化未成年人互联网隐私保护理论有一定作用

从理论层面上来看，我国对于未成年人互联网隐私保护的研究多注重于美国的法律规范，但是对于欧盟《通用数据保护条例》，以及英国、意大利、葡萄牙等国的法律规范和司法判例的文章并不多见，且对于欧盟、美国在未成年人互联网隐私保护的共性和特点的研究并不多。不仅如此，随着技术的发展，未成年人互联网隐私保护的理论也随着新的传播技术的出现，在不断变化更新中。本书梳理了未成年人互联网隐私保护的基本问题和基本解决办法，从儿童权利的历史发展纵向地看待未成年人互联网隐私保护，从不同国家的立法、行业自律、媒介教育的横向比照来看待未成年人互联网隐私保护，通过横纵交叉探索未成年人互联网隐私保护的基本原则和基本规律。从历史照见未来，随着人类技术的不断发展，尤其是人工智能和大数据技术的发展，未成年人互联网隐私保护的新问题不断涌现，传统的互联网隐私保护理论需要不断发展，本研究对智能传播环境下的未成年人互联网隐私保护理论进行了一定的探索和补充。

（二）本研究对于如何更好地保护未成年人互联网隐私提供建议和对策

从实践层面上看，本研究将深入探讨美国及欧盟国家对于未成年人互联网隐私保护的判例和立法经验，对于中国在未成年人互联网隐私立法工作提出有益建议，希望中国在批判性了解美国及欧盟国家立法经验教训的基础之上，能够建立符合中国国情、适宜中国未成年人身心健康发展的未成年人互联网隐私保护体系。不仅如此，本研究还专注于智能传播环境下，传统未成年人互联网隐私保护模式出现的新问题和新情况，为新的媒介环境下未成年人互联网隐私保护的方式提供前瞻性的建议和对策。本研究旨在进一步推动国家、网络平台、学校、家庭等多元主体共同参与的未成年人互联网隐私保护体系，为未成年人的健康发展构建风清气朗的网络生态空间，具有实际应用意义。

第二节　基本概念界定

隐私、个人信息、个人数据是时下的热门词汇，这三个词很容易被混淆，三者之间既有联系，又有区别，在不同的文化、法律背景之下，其外延和内涵还有不同的阐释，本书只在最基础、最一般的层面上使用这几个概念。

一、隐私和隐私权

根据我国2020年通过的《中华人民共和国民法典》第1032条第2款规定，隐私（privacy）是自然人的私人生活安宁和不愿为他人知晓的私密空间、私密活动、私密信息。杨立新教授在《人格权法专论》中指出，隐私主要包括三种形态：私人信息，无形的隐私；私人活动，动态的隐私；私人空间，有形的隐私。[1]隐私最大的特点是：隐私是私人的，与公共事务无关的内容。隐私的核心价值是个人的独立自主，即不被他人打扰的自由和安宁。

隐私权（right to privacy）是公民的基本权利，隐私权的主体是自然人，客体是隐私，隐私权保护的法益是隐私的内容，主要包括私生活、家庭、住宅和通信不受他人干涉。1948年《世界人权宣言》首次确立了隐私权作为公民的基本权利应当受到保护。1950年《欧洲人权公约》第8条也规定了对于私人生活的保护。中国2020年通过的《中华人民共和国民法典》，也确立了对隐私权的保护。

---

[1] 杨立新.人格权法专论［M］.北京：高等教育出版社，2005：330.

二、个人数据与个人数据权

欧盟2018年发布的《通用数据保护条例》将个人数据（personal data）定义为，任何已识别或可识别的自然人（"数据主体"）相关的信息；一个可识别的自然人是一个能够被直接或间接识别的个体，特别是通过诸如姓名、身份证编号、地址数据、网上标识或者自然人所特有的一项或多项的身体性、生理性、遗传性、精神性、经济性、文化性或社会性身份而识别个体可识别一个在世的个体相关的所有数据。[1]与隐私不同的是，个人数据可能是已经公开的，或本来就属于公共事务范畴的信息，而且个人数据的范围更为宽泛。

个人数据权（personal data right）诞生于20世纪70年代的欧洲，得益于互联网的诞生和发展，大量的个人数据不断产生，为了保障个人数据安全，防止个人数据被政府、大型企业和私人机构滥用，个人数据权应运而生。德国的黑森州首次在1970年通过了《数据保护法》，该法是全球首个个人数据保护法。

在欧盟的法律架构下，个人数据权与隐私权分属两种权利，两者既有相同点，也有不同点。从相同点上来看，两种权利的主体都是自然人。这两种权利是实现其他公民基本自由的前提，都是为了更好地保护公民享有个人权利，都是对人格尊严和个人自由的尊重。

隐私权和个人数据权的不同点，从价值维度上看，保护隐私权的目的是防止个人私生活被打扰，而保护个人数据权的目的是实现个人数据的足够控制。欧盟最初提出数据保护（Data protection）的含义，并不是为了防止数据处理或者限制使用信息技术，而是为了在数据处理的时候为个人提供安全保障。[2]数据保护的目的是安全且有效地利用信息。在这一点上隐私权和信息权

---

[1] 刁生富，赵亚萍.大数据时代个人数据权之被侵与保护［J］.华南理工大学学报（社会科学版），2019，21（2）：90.

[2] HUSTINX P. EU Data Protection Law: The Review of Directive 95/46/EC and the Proposed General Data Protection Regulation［EB/OL］.（2014-09-15）［2019-12-30］. https://edps.europa.eu/data-protection/our-work/publications/speeches-articles/eu-data-protection-law-review-directive_en.

有着非常大的区别。

具体到两种权利上。隐私权主要作为一种人格权利，与数据权相比，其并没有多少财产价值，而数据权在性质上属于一种集人格利益与财产利益于一体的综合性权利，并不完全是精神性的人格权，其既包括精神价值，也包括财产价值（王利明，2014），可以被利用并创造收益价值。不仅如此，隐私权强调个人独处的权利（right to be alone），是一种消极的、防御性的权利，只有在遭受侵害的时候才能请求保护，所以更加强调事后救济。而个人数据权是一种积极的权利，更强调"可识别性"（identifiable）。可以要求他人删除相关个人数据，如欧盟最新设立的"被遗忘权"、删除权等权利。个人数据权更加注重事前预防。隐私权强调"隐"和"私"，个人生活安宁、个人私密不被公开、私密空间不被他人打扰的权利。个人数据的范围相较于隐私要更为宽泛，个人数据包含的内容不仅仅是核心数据，笔者认为个人核心数据是与部分隐私内容相通的。法律保护的个人数据也包括非核心的数据，如已经在网站上公布的数据内容。不仅如此，个人数据偏向自我决定、自我控制的权利。从美国的隐私观点来看，美国提倡"大隐私"的概念，将隐私的外延扩大，如前文所提到的，隐私不仅仅包括个人独处的权利，也包括对个人数据控制的权利，尤其是1960年普罗瑟（Prosser）教授通过整理了60年来美国关于隐私权的判决，归纳了"侵犯隐秘"、"公开揭露"、"扭曲形象"和"无权在商业上使用他人姓名和肖像"四种类型，建立了一个宏大的隐私权法律保护框架基础。有一些在欧盟的法律观念下看，可以认定为个人数据的部分，在美国仍然被认为是隐私。

三、个人信息

随着新媒介的诞生，虚拟空间向纵深发展，超越了时间和空间的界限，传统的隐私边界被不断消解，虚拟环境下公域和私域的界限不断模糊，传统隐私权的保护范围已然无法涵盖互联网时代下衍生的新型权利需求。[①] 互联网

---

① 郑飞，李思言.大数据时代的权利演进与竞合：从隐私权、个人信息权到个人数据权［J］.上海政法学院学报（法治论丛），2021，36(5)：139.

产生了海量的信息，敏感信息如生物识别、敏感信息、行踪轨迹等一旦公开，会使个人的人格尊严、财产安全受到危害。①根据《中华人民共和国民法典》第1034条指出，个人信息（personal information）是以电子或者其他方式记录的能够单独或者与其他信息结合识别特定自然人的各种信息，包括自然人的姓名、出生日期、身份证件号码、生物识别信息、住址、电话号码、电子邮箱、健康信息、行踪信息等。个人信息中的私密信息，适用有关隐私权的规定。信息不仅仅包括了隐私强调的人格尊严，也包含了财产权的性质。信息的外延要比隐私更为广阔。在进入智能传播环境下，大数据、算法、人工智能等技术的应用，智能设备全景式渗入人们的日常生活中。借助算法的力量，通过大数据可以毫不费力地分析出用户的基本特征、个人偏好等，拼凑出"用户画像"，实现精准推送。信息是数据的内容，数据是信息的表现形式②，与"完整的、可用的、保密的和可控的"个人信息相比，个人数据则更加碎片化，具有开放性和不可控性。在智能传播时代，智能算法依赖于海量数据的解析，大数据的价值堪比石油、黄金，个人数据也从个人信息的层面拓展到企业资产甚至国家战略安全的层面。③

四、未成年人与儿童

未成年人（Juvenile）与儿童（Child）在一些语境下都指代18岁以下的自然人。未成年人是一个法律的概念，与"成年人"相对，以年龄作为划分标准。《现代汉语词典》中，未成年人是指法律上未达到成年年龄的人。在中国指18周岁以下的人。《中华人民共和国民法典》第17条规定：十八周岁以上的自然人为成年人。不满十八周岁的自然人为未成年人。2020年新修订的中国《未成年人保护法》第2条指出，本法所称未成年人是指未满十八周岁的

---

① 《中华人民共和国个人信息保护法》第28条。
② 谢远扬.信息论视角下个人信息的价值：兼对隐私权保护模式的检讨［J］.清华法学，2015，9（3）：95.
③ 邓刚宏.大数据权利属性的法律逻辑分析：兼论个人数据权的保护路径［J］.江海学刊，2018（6）：148.

公民。而在国际公约中，大部分国家会采纳1989年联合国《儿童权利公约》中对于儿童的界定。《儿童权利公约》第1条第1款指出，儿童是指18岁以下的任何人，除非对其适用之法律规定成年年龄低于18岁。虽然有的国家根据本民族习惯风俗对于儿童的年龄有不同定义，但是世界上大部分国家都将儿童与未成年人视为尚未获得成人完整权利的、承担有限责任和实行有限义务的人，具体年龄根据各国要求而定。在历史上"儿童"作为一个名词出现的时间要早于"未成年人"作为相同概念出现，因此国际公约中对于未成年人权利的保护，很大程度上体现在儿童权利的保护上。

在一些语境下，儿童则是专门指代特定年龄段的未成年人。在《现代汉语词典》中，儿童是指年龄大于婴儿且尚未成年的孩子。不同的法律条文对于儿童的年龄也有不同的界定，例如在美国《儿童在线隐私保护法》中规定，儿童是指13岁以下的自然人。再如中国2019年8月发布的《儿童个人信息网络保护规定》第2条指出本规定所称儿童，是指不满十四周岁的未成年人。在本书中，除非进行明确的年龄界定，否则，未成年人与儿童视为同一概念，即都为18岁以下的自然人。

第三节　文献综述

本书的主题主要有以下三个方面：一是未成年人权利保护的研究，虽然本书主要研究未成年人隐私保护，但是隐私权是儿童权利即未成年人权利的重要组成内容。二是互联网环境下的隐私权理论及相关研究。三是未成年人互联网环境下的隐私权保护研究。一方面，随着互联网产业的不断发展，公众对于个人隐私保护越来越关注，近年来相关研究也越来越多；另一方面，专门针对未成年人的隐私权保护研究还比较薄弱，系统性、理论性都有待加强。

一、关于未成年人权利保护的研究

在前文的概念辨析中,未成年人与儿童视为同义词,未成年人权利即儿童权利。儿童权利理论来源于人权理论,但是相较于成年人,儿童的认知水平和成熟程度要低于成年人,需要监护人帮助其作出决定,所以儿童权利又与人权有一定的差异。直到19世纪后期,现代儿童权利理论才开始成为学术研究的主题,只有近百年时间。当前国内外对于儿童权利的研究著作颇丰,主要从以下几个方面开展研究。

(一)国外研究

儿童权利(rights of children)的概念最早由瑞典女作家汉娜·摩尔(Hanna More)于1799年首次提出,她提出儿童拥有一种不同于其父母利益和需要的权利。虽然儿童权利理念在18世纪初被提出,但是直到19世纪后期才为学者所逐渐重视。之后随着19世纪末资本主义快速发展、20世纪初国际公约的相继发布以及儿童权利运动的发展和互联网的诞生等重要大事件的推动,儿童权利理论不断丰富,著作颇丰。国外对于儿童权利理论的研究主要可以分为以下几个部分:

1.关于儿童权利理论的概念与内涵的研究

卡尔·罗杰斯(Carl Rogers)、汤姆·坎贝尔(Tom D. Campbell)等都对儿童权利理论的基本概念进行了探索。罗杰斯从儿童权利构成的角度进行探索,他认为儿童权利包括受抚养的权利和儿童的自主权两个部分。安东尼从权利关系的角度提出综合儿童权利理论,认为儿童既享有被保护的权利又享有自由的权利,二者并不冲突。汤姆·坎贝尔从儿童利益的角度出发,从儿童的四种身份,即人类、儿童、青少年、未来的成人出发,提出儿童权利既有与成年人相似的部分,也有自己独特的部分。对于儿童理论的定义至今仍然没有一个定论,从英美代表性学者的研究可以看到:从不同的角度来看,儿童权利既是人权理论的一部分,同时又具有自己的独特性,既有强调自主性的内容，又有被动接受的内容。儿童权利理论的内涵不断丰富，希拉里·罗德曼（Hilary Rodham）在分析了美国最高法判例之后，提出儿童权利要加入一些成年人权利；道格拉斯·霍奇森（Douglas Hodgson）对于儿童生命、生存发展的探索；桑德拉·梅森（Sandra P. Mason）对儿童受教育的权利的研究以及迈克尔·佛里曼（Michael Freeman）对儿童受教育的权利的倡导，到索尼娅（Sonia LivingStone）对儿童互联网权利的提倡，儿童权利的内涵随着时代的发展不断丰富完善。

2. 关于儿童权利与成人权利关系的研究

主要包括两种观点，第一种是儿童与成人享有同样权利，包括选举权、受教育权、享受政府福利的权利等，最终实现儿童的解放（liberation）。如理查德·法尔森（Richard Farson）、霍华德（Howard Cohen）、詹姆斯·霍特（James Holt）。詹姆斯·霍特甚至在《逃离童年》一书中提到儿童与成人享有一样的自我决定权，这一观点获得舒拉米斯·费尔史东（Shulamith Firestone）等激进派学者的支持，但是也引发了大量的争议，包括大卫（David Archard）、迈克尔·佛里曼、劳拉·普迪（Laura M. Purdy）等学者对此都提出了质疑，形成了第二种观点，即认为儿童并不能与成年人享有同样的权利。一些学者认为儿童与成年人在道德和法律上有着实质性的差异，且不具备履行权利的能力，所以无法与成年人享有同等的权利，如劳拉·普迪、詹姆斯·格林芬（James Griffin）、塔马·夏皮罗（Tamar Schapiro）等。还有一些学者认为，儿童虽然不具备同成年人一样的权利，但是其享有基本的权利，如被保护的权利，而且儿童权利履行能力在不断提升，如哈利·布格豪斯（Harry Brighouse）、沙曼萨·布伦南（Samantha Brennan）等。

3. 关于《儿童权利公约》的研究

在1989年《儿童权利公约》（简称《公约》）发布之后，国外学者以极大的热忱投入《公约》的研究中去。爱丽诺·威廉森（Eleanor Willemsen）和麦克·威廉森（Michael Willemsen）提出了儿童利益最大化（the Best Interests of the Child），沃海伦（Verhellen Eugeen）对《公约》的背景、动机、策略和主题进行了研究；艾琳娜·安德鲁斯（Arlene Bowers Anderews）和娜塔莉·考夫曼（Natalie Hevener Kaufman）提出在《公约》施行之后，应当如何调动全社会的力量为儿童谋取福祉。很多学者对于《公约》的某一条款进行了认真的研究和解读，如艾诗琳·帕克斯（Aisling Parkes）从历史和理论的角度详细解读了《公约》的第12条，即儿童自由表达的权利，并为如何有效地施行《公约》的第12条提出建议对策。佛里曼对《公约》的第3条即儿童利益原则进行了阐释。诺瓦克（Manfred Nowak）对《公约》的第6条生存权进行了解读。几乎《公约》的每一条都有学者从法律的角度进行解读，论证其可行性和实践性。

4. 儿童数字权利（child digital right）

进入互联网时代之后，针对儿童权利的探讨并没有停止，而是进入了一个新的时代，西方学者开始关注儿童的数字权利。西方学者最初从不同的角度来探讨儿童数字权利的内容。英国学者索尼娅认为，互联网使用权是儿童最基本的权利，接下来是互联网参与权、受教育的权利、表达权、隐私权及免受性和语言骚扰的权利等，而隐私权是儿童互联网权利的重要组成部分。学者佐伊（Zoe Renton）认为互联网环境下，儿童享有更多的权利，如不被歧视的权利、互联网参与权、受教育权、休息、玩乐等权利。阿曼达（Amanda Third）则认为接入互联网的权利是儿童的基本权利，是儿童享有信息权、受教育权和参与权的基础。之后，西方学者开始逐渐转为研究全球性的机遇和赋予儿童更多的权利（Livingstone et al., 2015）以及阐明一系列儿童政治权利，治理规范和在网络世界中行使权利的限制（Gill, Redeker & Gasser, 2015）来实现儿童利益最大化。索尼娅和布莱恩（Brian O'Neill）都根据《儿童权利公约》提出了儿童在互联网时代最基本的权利，即保证儿童能够拥有接入网络的权利（to provision），在互联网上被保护的权利（to protection），参与互联网的权利（to participation）在此权利的基础上构建了儿童数字权利的基本框架，包括政府监管、行业自律来对抗网络暴力、性虐待、仇恨言论等问题。

西方学者对于儿童权利理论的研究非常丰富，伴随着新问题的出现不断产生新的理论，但是由于各个国家历史文化、法律习俗不同，儿童权利的内涵和外延仍然有着多种观点，目前尚没有统一的定论，但是可以看到，随着人工智能、大数据、5G时代的到来，西方对于儿童权利，尤其是隐私权的探讨不断增加。不仅如此，儿童权利的保护问题在不同的国家和地区之间如何相互借鉴和学习，仍然是长期存在且需要探讨的问题。

（二）国内研究

相较于国外，我国对于儿童权利理论的研究起步较晚，但是研究内容和方向也不断丰富，在中国知网上以"儿童权利"为全文包含内容进行检索，共有23万篇论文，以"儿童权利"为主题词进行检索共找到1496篇论文，可以看到我国对于儿童权利理论的研究也非常丰富。当前我国对于儿童权利理论的研究主要包括以下几个方面：

20世纪90年代后期，研究集中于对《儿童权利公约》基本内容的阐释。这些研究主要集中在1989年《儿童权利公约》发布之后，20世纪90年代大量学者对于《儿童权利公约》的基本内容进行介绍并提出自己的见解，如王雪梅的《从〈儿童权利公约〉的视角看中国儿童保护立法》、郭翔的《我国对儿童权利的法律保护——兼析联合国〈儿童权利公约〉与我国〈未成年人保护法〉等法律的相关性》、韦禾的《儿童的权利——一个世纪性的新课题》等，都从法律的角度解读了《儿童权利公约》的重要价值和地位，为我国儿童权利保护立法提出了建议。

进入21世纪后，我国儿童权利研究范围不断扩展，研究数量不断增加，交叉学科内涵不断增多。一是儿童权利理论的研究和拓展。王雪梅的《儿童权利论：一个初步的比较研究》是我国较早介绍儿童权利理论的书籍；吴鹏飞的《儿童权利的一般理论与中国实践》进一步拓展了儿童权利理论的内涵；孙艳艳的博士论文《儿童与权利：理论建构与反思》反思了国内外儿童权利理论的发展，对我国儿童权利理论进行了新的阐释。二是儿童权利内涵不断扩展，何善平、张利洪、胡锦光等学者探讨了儿童受教育的权利，吴燕、黄程佳、徐东、唐俊如等人探讨了儿童游戏权，贺颖清等学者对于我国儿童的参与权进行了研究，还有学者对儿童的其他权利进行了研究。三是特殊儿童权利的研究。谭深、阮积嵩等探讨了我国农村留守儿童的基本情况；谢新华、张虹对国外移民留守儿童进行了研究；仇雨临、周莹、江丽娜等学者对我国残障儿童的保障政策进行了研究；吴鹏飞、王芳洁从国际比较的角度审视了残疾儿童特别照顾制度，特殊儿童权利也是我国儿童权利研究的主要内容之一。这一时期的儿童权利研究已经从90年代末的法学学科逐渐扩展到传播学、教育学、经济学等学科，呈现出了多学科交融的趋势。卜卫是我国最早开始研究媒介素养与儿童权利的学者，注重媒介素养对儿童权利的影响。

进入互联网时代之后，我国学者更加注重儿童互联网权利研究。一方面从政府监管的视角出发，探讨如何更好地保护儿童权利。如秦思的《保护与赋权：互联网治理中的儿童权利》，韩新华、沈大等学者介绍了英国、美国儿童互联网立法相关内容，周婉情、杨婕、孙宇、罗玮琳、廖嘉琦对我国《网络安全法有关个人信息保护的规定》进行了解读，张化冰、张硕从互联网内容规制的角度探讨了保护儿童权利的重要性。另一方面从儿童的权利角度出发，探讨儿童互联网权利的内涵。陆诗雨对互联网时代儿童数字权利进行了解读，陈凤茹、焦庆正探讨了新媒体环境下儿童的传播权，吕蕾等人探讨了未成年人被遗忘权、隐私权、个人信息保护等权利。

从我国的儿童权利研究来看，学科交叉融合越来越多，不断立足我国独特性，拓展我国儿童权利理论的研究，在涉及欧美经验方面，偏向欧美等国经验的介绍，涉及经验背后的更深层次的内容仍有待加深。

二、关于互联网环境下的隐私权研究

随着互联网时代的来临，隐私权理论也不断发展，首先是对于隐私权属性的争议，美国学者安妮·威尔斯·布兰斯科姆（Anne Wells Branscomb）首次对隐私权的财产属性进行了阐释，对之后的学者产生了重大影响。也有学者认为互联网环境下的隐私权只是"传统隐私权的一种新的表达形式"，认为隐私仍然属于人格权的范围，如王丽萍。也有学者认为互联网环境下的隐私权兼具财产权和人格权属性，如刘德良、黄辉等。

其次是隐私权与个人信息权的争议。对于隐私权和个人信息权的关系，主要有两种观点。第一种观点认为，互联网环境下的隐私权包括个人信息，美国学者多持这种观点。他们认为，个人信息的本质就是隐私，隐私就是个人对自身信息的控制，所以并不区分隐私权与个人信息权，如丹尼尔·索罗夫（Daniel J. Solove）、保罗·施瓦茨（Paul M. Schwartz）等。第二种观点认为，互联网环境下的隐私权与个人信息权是两种独立的权利，二者虽有相通之处，但实际上是两种权利。如王利明在《论个人信息权的法律保护——以个人信息权与隐私权的界分为中心》一文中，从权利属性上、权利保护客体、权利内容、权利保护方式上对两种权利进行了辨析。但实际上，隐私权和个人信息权有很多交叉的部分，即个人敏感信息，是在隐私权保护的范围之内的。张新宝在《从隐私到个人信息：利益再衡量的理论与制度安排》对新环境下的隐私权保护提出了"两头强化、三方平衡"的个人信息保护理论。

再次，隐私权保护的客体发生了变化。随着互联网时代的到来，互联网特有的虚拟性、即时性、公开性等特性让互联网时代的隐私权的内涵不断扩大，互联网隐私权的内涵又增加了知情权、选择权、控制权、安全请求权和利用限制权，甚至在欧盟国家还包括了被遗忘权。

有学者认为，互联网环境下的隐私权客体在实质上没有变化，只是传统隐私权在网络环境下的延伸和扩展（王丽萍，2008），如物理空间扩展到网络空间，现实生活活动扩展到网络活动。也有学者认为互联网环境下的隐私权客体范围扩大了，有些在传统时代不被认为是被隐私权保护的内容，由于互联网环境的变化，需要进行保护（黄辉，2007），如商家搜集用户信息发布广告侵扰用户私人生活安宁等。

最后，新的隐私理论的诞生。20世纪中后期，随着新技术的发展，美国产生了新的隐私权理论，主要包括物理性隐私权（physical privacy）、信息性隐私权（right to informational privacy）、自治性隐私权（right to decisional privacy）。物理性隐私权是指他人对其住所享有隐私权。信息性隐私权是对信息控制权理论的发展，即个人可以对其网络信息进行披露或者控制的隐私权。自治性隐私权是指他人所享有的就其具有私人性质的事务作出自我决定的权利。

以上理论都是基于传统的隐私权理论，区分私人与公共场所、政府与私人以及敏感与非敏感信息，进而强调个人对于信息的控制。但是在互联网媒介环境下，每人每天产生大量的信息，而且信息并非掌握在个人手中，个人无法对信息进行有效控制，同时，面对不同的信息场景，对于不同的环境又有不同的期待，所以传统"二分法"的隐私保护理论无法完全满足新的需求。

学者海伦·尼森海姆（Helen Nissenbaum）提出了情境脉络完整性（Contextual integrity）理论。该理论与传统的隐私理念二分法不同，情境脉络完整性理论抛开了传统的敏感/非敏感信息，私人场所和公共场所，政府和私人的相关理论，以及个人对信息的控制，反而更加强调信息的自由流动（a free flow of information）。根据各种场景的不同，来设立不同的隐私规范。目前该理论已经运用到了2015年美国消费者权益保护法和欧盟的《通用数据保护条例》中。该理论的优势是对于不同的场景有更多的细分的隐私需求和规范，打破了传统"一刀切"的隐私保护二分法，缺点是较难在实践中完全运用。

这些研究虽然未直接涉及未成年人互联网隐私保护，未考虑到未成年人群体的特殊性，但是对未成年人互联网隐私保护提供了一些基本思路和路径。

三、关于未成年人互联网隐私权的研究

（一）国内研究

截止到2019年6月1日，在中国知网以"互联网隐私权"为主题，篇名为"网络/互联网"+"隐私权"的相关论文超过100篇，而以"互联网隐私权"为主题，篇名为"儿童/未成年人+网络/互联网"+"隐私权"相关的论文为39篇。博士论文为1篇，硕士论文为15篇，期刊类为23篇。

中国对于未成年人互联网隐私权方面的研究性论文主要讨论了以下几个

问题，一是如何保护未成年人互联网隐私。主要以美国《儿童在线隐私保护法》和欧盟的《通用信息保护条例》为例，详尽介绍了美国和欧盟对于未成年人互联网隐私保护的主要经验和特点，从国家立法和行业自律的角度对比中国《未成年人网络保护条例（草案）》，并提出建议对策，如苏丽君、胡元琼、黄晓林、李研等。在这一部分对于美国和欧盟两个法律存在的问题和争议进行了研究并开始深入思索，如何在立足中国实践的基础上，评判性学习借鉴欧美地区的相关经验。二是新媒体环境下新闻报道中的互联网隐私保护，如范娇、马稳稳等。这一部分对于中国新媒体环境下新闻报道中的法律法规政策以及相关案例进行了梳理和分析。三是探讨互联网环境下未成年人隐私权与父母威权之间的矛盾，如苏文颖、刘金霞等。这一部分主要是对"晒娃"现象引发社会问题的介绍和总结，仍然停留在表层，没有进入深入的理论分析。四是对于欧美当前新的隐私理论如何运用在未成年人互联网隐私保护中，如王苑首次谈到了将情境脉络完整性理论运用到未成年人互联网隐私保护上来。但是这一方面的论文比较少，叙述不够深入具体。

（二）国外研究

对于未成年人互联网隐私保护，国外研究主要从以下几个方面开展研究：首先，从人的权利、儿童权利角度探讨隐私权对于未成年人的价值。如提嘉娜·米洛舍维奇（Tijana Milosevic）认为，隐私是"人格尊严的体现"，是人不可分割的一部分，是人之所以成为人的原因，对于儿童来说同样重要。本杰明（Benjamin Shmueli）和艾利特（Ayelet Blecher-Prigat）认为，隐私内涵中最重要的是个人意思自治，而未成年人也同样享有这样的权利。儿童权利的主要内容是实现儿童的自由，而个人意思自治正是实现儿童自由的重要路径。

其次，美国相关立法的效果争议。当前美国对于未成年人互联网隐私保护的立法主要是《儿童在线隐私保护法》。当前国外学者对《儿童在线隐私保护法》持批判态度。这些学者认为《儿童在线隐私保护法》并不能保护儿童的在线隐私。基于三点：一是儿童和家长共同对年龄撒谎，从而使该法无效。如欧内利（O'Neill B）、豪尔吉陶伊（Hargittai）等学者。二是这个做法使得一些网站直接把年龄幼小的儿童拒之门外，严重侵犯了儿童的网络参与权，如斯塔克斯（Staksrud）。三是这种方式并没有人把儿童当成一个完整的人去看待，表面上是保护儿童的隐私，实际上是对儿童权利的另一种侵犯。如提嘉娜等。但是也有学者认为，《儿童在线隐私保护法》确实起到了应有的作用。

再次，如何加强网络平台责任。从美国和英国的立法来看，从政府层面是在不断加强平台责任，如美国《儿童在线隐私保护法》在2019年提出，即将进行修订，将对运营者的"实际知情"（Actual knowledge）的标准修订为"推定知情"（constructive knowledge）。英国2018年的《新信息保护法》和《在线危害白皮书》，对网络服务提供商提出了更高的要求。有学者赞同加强平台责任，但是要加强哪些方面的责任，平台是否应该增加更多的适宜儿童的网页，是否要为儿童解释为什么禁止儿童浏览该网页等，现在还没有定论。

最后是父母的责任。主要体现在两个问题上：第一个问题是子女是否享有独立于父母的隐私权。本杰明和艾利特认为要承认未成年子女在家庭中拥有独立于父母的隐私权，而且，未成年人子女被赋予隐私权权利的大小应该与他们的年龄和心智的成熟程度相适应。有学者认为，在司法实践中，法院更加倾向于未成年人子女没有独立于父母的隐私权。因为法律其实并非保护未成年人一个个体，而是保护整个家庭的隐私权，如史黛西（Stacey B. Steinberg）。第二个问题是父母应该如何保护未成年人的隐私。索尼娅认为父母对于子女的隐私权保护不要采用压制的方式，例如禁止他们上网，而应当为他们提供更多自我保护的网络知识，真正把子女当成"电子时代公民"（digital citizen）来看待。爱丽丝·马维克（Alice E. Marwick）认为，针对不同年龄段的未成年子女，父母应当采取不同的做法，比如，8岁以下的子女可以由父母选择网络内容，8岁以上的子女给予更多的隐私权等。

虽然当前对于未成年人互联网隐私保护有了一定的研究，但是过于零散，不成体系，没有从源头对未成年人互联网隐私问题进行整体性、系统性的考虑，也留下了一些空白需要填补。例如对于未成年子女隐私与父母监管方面，在中国的研究中则缺乏系统的、理论性的研究，主要是对于现象的描述，本书将在之后的章节开展更为细致的探讨。

第四节　研究思路

一、研究目的

（一）揭示互联网隐私权对未成年人的重要价值和意义

很多研究都是从他国保护未成年人互联网隐私的经验入手，但是对于互联网隐私权对未成年人的重要价值和意义并没有进行明确的阐释，而实际上，了解互联网隐私权对未成年人的重要意义和价值更能够引起各方对未成年人互联网隐私保护的重视。

本书从未成年人的基本法律概念出发，挖掘人类社会早期对于儿童的相关立法来推动儿童权利的发展，虽然儿童权利理论经过了几个世纪的积累，发展得非常缓慢，隐私权作为儿童权利的重要组成部分尽管出现较晚。但是儿童权利理论也在不断深化和发展，隐私权不仅与儿童的网络安全息息相关，还关涉儿童的人身安全，儿童人格的健康发展，保护儿童隐私权对于儿童的自由和解放有着重要的价值和意义。

（二）揭示互联网媒介生态系统下，未成年人隐私保护的独特性和复杂性

互联网媒介本身的独特性和复杂性更是不言而喻。从媒介环境学角度来看，媒介技术对于人类社会的发展产生了重要的影响，隐私权的发展和儿童权利的发展，都离不开媒介技术在背后发挥着重要作用。传统媒介对于儿童权利的发展产生了怎样的影响，互联网媒介产生了哪些新的变化，这些变化对未成年人互联网隐私保护有怎样的作用？很多研究都是直接从隐私入

手，从隐私谈隐私，但是没有看到互联网媒介这种大的环境背景，媒介在背后所起到的重要作用和影响。未成年人本身的独特性，使其无法拥有像成年人一样的民事能力，去独立行使自己的权利，必须由监护人代劳，让未成年人互联网隐私保护的问题更加复杂。深入理解媒介和未成年人的特殊性和复杂性，才能更好地对未成年人互联网隐私权进行保护提出有针对性的建议和对策。

（三）探究美国及欧盟保护未成年人互联网隐私权的异同点和争议焦点

本书将通过比较研究的方法，对美国和欧盟对未成年人互联网隐私的立法、经典判例、行业自律等方式方法进行探讨和剖析，以及对比"隐私"和"个人信息"的共同点和差异性，来更好地把握保护未成年人互联网隐私的重要方式。美国和欧盟作为最早对未成年人互联网隐私立法的地区，立法经验丰富，被很多国家学习效仿，在这些丰富的立法经验背后存在哪些问题和争议？为什么会存在这些争议和问题？立法之外行业自律的优缺点有哪些？欧盟对于个人信息保护立法，其价值取向与美国有何不同？有哪些判例和案例可以支撑？其立法保护上存在哪些争议？除立法之外欧盟还有哪些举措？不仅如此，未成年人与父母的关系也让未成年人互联网隐私保护更为复杂。当前欧美地区立法的方式都是通过"父母同意"原则，这又产生了新的问题。父母与未成年人的矛盾会被激化，未成年人的隐私是属于未成年人本人的还是属于父母的？法律的这种设置方式是否有利于未成年人的成长，父母对于未成年人隐私的侵犯应当如何处理，是否能够诉诸法律？如果给予未成年人独立于父母的权利，这种权利的界限在哪里？是否有相关判例？如果不采用"父母同意"的方式进行未成年人互联网隐私保护，是否还有其他更好的办法？

二、理论基础

本书将利用人权理论中的儿童权利理论、媒介情境理论、隐私权理论进行阐释。根据《儿童权利公约》的规定，儿童享有生存权、发展权、受保护权及参与权四大类权利，其中包含隐私权。20世纪60年代以后的儿童权利理论更加强调儿童的参与权、自决权；但是不同的媒介情况下，儿童权利及隐私权所表现的内容有所不同。根据媒介环境学派理论情境理论指出媒介变化必然会导致社会的变化，而社会的变化则会影响人的行为。情境即信息系统，电子媒介的出现使得各种情景不断融合，以往私人的情景也有可能变成公共的情景在隐私及隐私权理论中，隐私是自然人的私人生活安宁和不愿为他人知晓的私密空间、私密活动、私密信息。隐私是隐私权保护的客体。隐私权是公民的基本权利，隐私权理论从主张"独处的权利"到艾伦·威斯汀（Alan Westin）主张的对信息的控制的权利，再到海伦·尼森海姆（Helen Nissenbaum）主张的隐私是信息的自由流动以及隐私设计理论，要求隐私保护覆盖电子产品全声明周期的理念，即体现了随着媒介的变迁，隐私权理论在不断发生变化，相应地，儿童权利理论也在不断扩展。在本书中，从儿童权利理论历史的纵向角度来考察未成年人隐私权的诞生及未成年人的特殊性。通过媒介情境理论分析不同媒介环境变迁下隐私及隐私权理论的发展，观照互联网环境下未成年人隐私权保护的特殊性，进而从美国、欧盟及成员国横向的视角观察未成年人互联网隐私保护的基本模式和路径，寻找欧美地区未成年人互联网隐私保护的规律性内涵及差异性，以及智能传播环境下未成年人互联网隐私保护的新路径和新理论，从横纵交叉的多角度视角分析中国未成年人互联网隐私保护的最佳路径。

三、研究方法

未成年人互联网隐私问题并非一个新问题，在中国最早对于未成年人互联网隐私问题的研究可以追溯到2000年以前，但实际上，未成年人互联网隐私问题不是一个短期的问题，是一个长期发展的问题，不是单一的问题，是一个多学科交叉的问题，它涉及法学、传播学、社会学等学科。本书所选取的角度是从历史纵向的儿童权利角度以及媒介变化的角度，来定位互联网媒介环境下如何保护儿童隐私权。

本书将采用文献研究法，对于国内外关于未成年人互联网隐私保护相关的文献进行大量阅读，对其中涉及的法学、传播学、社会学相关概念进行梳理，对立法文件、司法判例、调查报告等进行整理分析，作为本书的基本依据。

案例分析法，对判例法国家的相关案例进行比较分析，从中找出具有规律性和价值性的内容，对中国的未成年人互联网隐私保护提出建议。

比较研究法，国外对于未成年人互联网隐私的研究很多，可以通过比较研究，立足中国国情寻找到适宜中国未成年人的最佳互联网隐私保护的方式方法。

四、本书的框架和主要内容

本书共有六章。第一章为绪论，包含研究方法、研究框架、研究理论等基础性问题。

第二章主要解决未成年人隐私权保护的法理和当前存在的问题，从未成年人法律概念入手，对未成年人概念进行辨析。同时梳理人类社会早期针对未成年人的法律法规，探讨儿童权利观念产生和发展背后媒介的推动作用和当前未成年人互联网隐私保护存在的理论和实践困境。

第三章探讨在不同媒介变迁下，印刷媒介、电子媒介及互联网媒介环境下，未成年人隐私侵权的不同特点，并从媒介的角度进行原因分析。

第四章主要探讨未成年人互联网隐私保护的立法措施，以欧盟和美国为主要研究对象，从以"父母同意原则"为核心的立法和以"被遗忘"为核心的立法入手，比较美国和欧盟在未成年人互联网隐私保护的相关立法，来探讨立法思路以及争议和价值平衡，本章还包括最新的判例，如2019年最新判例FTC诉Google LLC and YouTube，LLC一案以及US诉Vtech Electronics Limited，以及欧盟及其成员国在父母威权与未成年子女隐私之间的平衡司法判例。

第五章主要探讨未成年人互联网隐私保护的其他措施，包括互联网平台行业自律、隐私教育及未成年人互联网隐私保护的新理论，主要以美国和欧盟为研究对象，探讨欧盟和美国行业自律的优势和劣势、隐私教育的独特性，同时介绍隐私设计理论和情境脉络完整性理论的优势。

第六章介绍了中国对于未成年人互联网隐私的保护措施，并从采取措施、价值平衡等方面从中国和欧盟及美国进行对比，为中国未成年人互联网隐私保护提出建议对策。

五、本书的主要创新和不足

（一）本书主要创新

本书从媒介环境学派的视角来考察隐私及隐私权，试图寻找顺应信息流动规律，同时能够保护未成年人隐私的最佳路径。本书认为传统的媒介环境下（印刷媒介）自动将成年人与未成年人信息分割开来，在当时未成年人隐私保护并不困难。但是在互联网媒介环境下，尤其是智能传播环境下，对海量信息进行阻隔越来越难，侵权越来越隐匿且侵权方式多元。在当前的媒介环境下，可以根据情境的不同，根据未成年人的不同年龄采取不同的保护方式，而非一味地阻隔信息，顺应互联网信息流动规律的同时对未成年人隐私进行保护，对隐私权理论进行了一定的拓展；本书从历史纵向的角度和不同国家横向的角度来审视未成年人互联网隐私保护，重新解读了现有欧美地区未成年人互联网隐私保护的法律法规的规律性内核，增加了大量欧美新的司法判例和法律法规，弥补了一定空白。

（二）本书不足

本书涉及的内容过多，分析的深度受到一定的影响，有的章节理论性较为薄弱，仍需进一步加强；未成年人互联网隐私权背后的价值、伦理等问题的分析仍需进一步加深，这些将是未来努力进行完善的主要方向。

第二章　未成年人隐私权保护的法律起源

本章主要从未成年人的历史起源入手，探寻了儿童权利的产生发展过程以及儿童的特殊性，并探讨儿童隐私权保护的重要意义和价值。人类社会早期，未成年人并没有现代意义上的权利，他们只被认为是"男性家长的附庸"，没有任何权利。直到19世纪后期，儿童权利才开始被学者重视，1924年《日内瓦儿童权利宣言》开始提出儿童享有被保护的权利。1989年《儿童权利公约》正式确立了儿童享有生存权、发展权、受保护权及参与权四大类权利，其中包含隐私权。互联网诞生之后，很多国家立法保护未成年人互联网隐私权，如1998年美国《儿童在线隐私保护法》正式确立了未成年人享有互联网隐私权等。

第一节　未成年人的历史起源

本书在概念辨析时提到未成年人与儿童的差异，此处儿童指代尚未成年的自然人，与未成年人同义。世界上最早关于未成年人的法律可追溯到奴隶社会。现存第一部比较完备的成文法典《汉谟拉比法典》就有关于儿童的记载。该法典第29条规定：倘其子年幼"不能代父服役"，则应以田园之三分之一交与其母，"由其母养育之"。该法典的第165条、第166条等条文均对儿童相关权利提出财产分配、遗产继承等予以特殊保护。成文于公元前3世纪的

《摩奴法典》第8卷第27条规定,如果儿童没有保护人,其继承的财产应置于国王保护之下,直到他完成学业,或达到成人期,即达到16岁为止(在当时16岁即为成年)。

古埃及的象形文字中已经出现了劝导未成年人不要惹祸的记载。古罗马的《十二铜表法》对成年人和未成年人犯罪的处理方法进行了区分,该法第8表第9条规定:"在夜间窃取耕地的庄稼或放牧的,如为适婚人,则处死以祭谷神;如为未适婚人,则由长官酌情鞭打,并处以赔偿双倍于损害的罚金。"其中适婚人即指成年人,未适婚人即指未成年人。同样还有第14条:"现行窃盗被捕,处笞刑后交被窃者处理;如为奴隶,处笞刑后投塔尔佩欧(Tarpeio)岩下摔死。如为未适婚人,由长官酌处笞刑,并责令赔偿损失。"

在中国古代,最早提到儿童的法律为早期的成文法典——周朝的《周礼》。《周礼·秋官·司刺》记载:"壹赦曰幼弱,再赦曰老耄,三赦曰憃(蠢)愚。"[①]幼弱即指七岁以下儿童,原文的意思为儿童、老人、智商低下者犯法可以得到赦免。《礼记·曲礼》中再次记载:"八十、九十曰耄,七年曰悼。悼与耄,虽有罪不加刑焉。""七年"曰"悼","悼"又称"幼弱",指未成年人,七岁以下儿童犯罪,不追究其刑事责任。中国历史上第一部较为系统的成文法典《法经》也有相似的记载:"罪人年十五以下,罪高三减,罪卑一减。年六十以上,小罪情减,大罪理减。"对于儿童的年龄进一步扩大到十五岁,儿童犯罪可以从轻或者减轻处罚。[②]

在西方奴隶社会,儿童既没有人格权,也没有生存权,只能作为家庭男性家长的附属物和财产,存在的目的是维护城邦或者共同体的利益。古罗马

---

① 阮元.十三经注疏[M]//康树华.青少年法学.北京:北京大学出版社,1986:32.
② 钟文灿,尹奇平.论"矜老恤幼"刑罚原则的重生[EB/OL].(2013-02-26)[2019-11-23]. http://www.jcrb.com/procuratorate/theories/academic/201302/t20130226_1052698.html.

第二章 未成年人隐私权保护的法律起源

的《十二铜表法》[①]、古希腊法典[②]，以及盖尤斯的《法学阶梯》[③]《查士丁尼法典》[④]等文献资料，都证实了这一点。希腊和古罗马出于种族强韧或者祭祀的目的，有丢弃婴儿的习惯，丢弃者不用承担任何法律及道义上的责任。"弃婴在斯巴达是制度性的存在，以消除劣等婴儿来确保共同体的素质。"古罗马《十二铜表法》甚至规定，婴儿被识别出为特别畸形者，可随意杀之。直到公元438年狄奥多西二世颁布《狄奥多西法典》，才正式废除杀婴的规定。

西方中世纪被尼尔·波兹曼称为"没有儿童的时代"，基督教思想进行着严密的统治，基督教的"原罪论"和"禁欲主义"充斥着人们的内心。这一时期，是没有"儿童"或者"童年"的概念的。针对儿童主要有两种观点，一是"性恶论"，二是"预成论"。"性恶论"认为，儿童从出生便带有"原罪"，儿童非常容易被撒旦诱惑，"他（婴儿）因所有的罪而受到指责"，必须要用棍棒抽打他们，不断赎罪，才能净化灵魂。"预成论"认为，儿童与成人只存在"身体大小"与"知识多少"的区别而已。所以，儿童是"缩小版的成人"，人们与儿童玩耍就像与"不知羞耻的猴子玩耍一样"。

可以看到，人类社会早期，既没有认识到儿童的价值，也没有认识到儿童与成年人的差异性，因而无法肯定儿童与成年人一样，享有人的权利，也无法更好地保护儿童的权益。

[①] 《十二铜表法》第四表"父权法"中明确提到，子女乃父母的私有财产，父亲对子女（包括除婚姻外的成年儿女）有生杀予夺之权。任子鹏.西方思想史：儿童观的发展[EB/OL].（2011-07-12）[2019-08-18]. http://cul.china.com.cn/2011-07/12/content_4327874.htm.

[②] 肖厚国.古希腊社会的家庭及财产[M].北京：法律出版社，2014：134.

[③] 《法学阶梯》第一编关于人（DE PERSONIS）中从属于他人支配权的人（personae sui iuris et alieni iuris）提道："我们在合法婚姻中生育的子女处于我们的支配权下，这是罗马市民特有的法。"盖尤斯.法学阶梯[M].黄风，译.北京：中国政法大学出版社，1996：22.

[④] 《查士丁尼法典》进一步强化了父权的力量，父亲不仅对自己的儿子享有支配地位，对于自己的孙子、孙女、曾孙、曾孙女都有这样的支配权力，但是对于女儿生的孩子，则没有这样的支配地位，因为女儿生的孩子需要被它的父亲支配。CODE OF JUSTINIAN IX. The Power of Parents[EB/OL].（2011-10-20）[2019-08-29].http://thelatinlibrary.com/law/institutes.html.

第二节　未成年人权利的产生和发展及特殊性

《儿童权利公约》对于18岁以下的自然人的权利定义为儿童权利，所以在本书中儿童权利即未成年人权利，为了与国际公约相一致，本部分中均使用儿童权利来指代未成年人权利。儿童权利的概念从文艺复兴时期开始出现，经过几个世纪的发展，终于到20世纪初形成了一定体系，并随着互联网时代的到来，得以进一步发展。这一时期，儿童的特殊性逐渐被人们所发现，人们开始意识到儿童是人类的特殊形态，也应当享有人权，也认识到了儿童生理机能的特殊性，以及儿童权利所呈现出来的特殊性。

一、未成年人权利的产生和发展

文艺复兴时期，"人文主义"之光照亮了欧洲大地，人文主义充分肯定了人的价值、人的主体地位。人们除了反思自我之外，还开始反思宗教观念束缚下的儿童权利，以及对待儿童的态度。

文艺复兴初期的人文主义者猛烈地抨击了"性恶论"和"预成论"，他们提倡儿童身心和谐发展，重视儿童个性的发展，把儿童看作发展中的人，尊重儿童的人格，并极力反对摧残和压抑儿童身心，这些思想成为近代儿童观的滥觞。在17、18世纪的启蒙运动中，洛克[①]、卢梭、康德等人，对于儿童这个概念进行了新的阐释和理解，人们开始注意到儿童与成人的不同，也进一步"发现"了儿童。

---

① 在《教育漫话》中，洛克虽然认为儿童是珍贵的资源，但是仍然需要培养他们的自控能力和智力发展。同时，洛克把开发儿童的理性能力作为目的。洛克还提出了知名的"白板说"，即儿童出生时心灵犹如一块白板，上面没有任何痕迹和记号，教育者可以随心所欲地涂写和塑造，但是这种随心所欲对儿童的影响是极大的，所以在家庭教育中，家长要掌握教育孩子的正确方法。

第二章　未成年人隐私权保护的法律起源

最早有关儿童权利的法律条文可以追溯到1641年，欧洲殖民者在新英格兰签订的第一份成文法典——《马萨诸塞自由宪章》(Massachusetts Body of Liberties)[①]。女作家汉娜·莫尔(Hanna More)于1799年首次提出儿童权利(rights of children)，但是她以一种戏谑、可笑的态度来看待儿童权利。在当时的社会环境下，人们开始认识到儿童与成人的不同，但这种认识只是表面上的认知，仍不够深刻。

19世纪，随着资产阶级革命的进一步发展，儿童的境况并没有好转，反而愈加严峻，儿童成为廉价劳动力的来源，5—14岁的童工非常普遍。因为家庭贫穷，为了生存，一些儿童不得不每天工作12小时以上，[②]在这一时期，人们开始关注儿童的生存权利。19世纪中叶，英国终于立法，禁止矿井雇佣10岁以下儿童。1814年，英国第一次立法，规定偷盗儿童可以提起公诉。1874年，玛丽·艾伦案使美国第一次在法律上确定了"儿童不是动产的概念"，为儿童权利的发展奠定了基础。[③]1889年，英国订立了《预防虐待和忽视儿童法》，第一次赋予了国家干预家庭的权利。政府开始意识到儿童是一种"珍贵的资源"，是维持资本主义发展的重要储备力量，政府开始增强儿童福利和儿童保护的责任意识。

进入20世纪后，儿童权利和儿童抚养运动不断涌现。1919年英国成立了救助儿童会，为在第一次世界大战中遭受痛苦的儿童提供资金援助。之后，救助儿童会起草了简明儿童权利宣言，1924年在国际联盟通过，被称为《日内瓦儿童权利宣言》，在世界范围内确立了儿童权利的话语。在当时，保护儿童的目的，不是将儿童看作基本的人的概念，而是将儿童看作国家未来的劳动力，是"工具"，而非"目的"。

---

① 专门有一章节（81-84）谈儿童解放（liberties of children）。但是实际上，该法保护的仍然是父母的权益，而非儿童的权利。PLECK E. Domestic Tyranny: New York: Oxford Uniersity Press [M]//FREEMAN M. Chilren's rights (Volume I). Surray: Ashgate Dartmouth, 2004: xi.

② "在18世纪和19世纪某些时期，穷人的孩子充当了英国这部大工业机器的燃料"。CUNINGHAM, VIAZZO. Child Labour in Historical Perspective: 1800—1985 [M]. Pergine: Arti Grafiche, 1996: 38-40.

③ DINITTO. Social Welfare: Politics and Public Policy (6th Ed.) [M]. Boston: Pearson Education Inc, 2007: 30.

1900年，瑞典女作家艾伦·凯在《儿童之世纪》(The Century of the Child)一书中称"20世纪是儿童的世纪"，并提出了"儿童中心说"的理念。随着1948年《世界人权宣言》公布，《儿童权利宣言》(简称《宣言》)于1959年提出。《宣言》提出了对儿童的关注，强调了政府在儿童保护中的责任和义务，但是，这一阶段只注重儿童幼弱、幼小的一面，没有看到儿童独立、自主的一面，没有看到儿童自身的价值。

20世纪60年代后，西方出现了儿童解放运动(Children liberation movement)。从成年人对儿童的保护转向了对儿童自主性、自决权的基本诉求。倡导解放儿童，倡导成年人与儿童平等地沟通对话，为儿童争取与其他社会成员平等一致的地位。解放运动并不满足于赋予儿童更多的权利，而是要扫清儿童和成年人之间的所有界限，将儿童自身作为行使自身权利的主体，将自主与自决作为儿童权利的主要内容，并将自决权视为儿童享受其他所有权利的基础。这一时期，强调儿童作为权利主体的重要性，以实现儿童的最终自由为重要目标。这种思想一直到现在仍被学者所认可。1989年，联合国通过了《儿童权利公约》，建立了保护儿童权利的基础，即不歧视，确保儿童权益，生存和发展权利，以及尊重儿童的选择等。

进入互联网时代，儿童权利也有了新的发展变化，更加强调儿童的自决权，强调儿童权利主体的地位，将儿童自由作为儿童权利的最终目标。学者把儿童权利的关注点从线下转移到了线上，强调儿童互联网权利的重要性。根据《儿童权利公约》的规定，在互联网环境下，要保证儿童能够被给予上网的权利(to provision)、在互联网上被保护的权利(to protection)、参与互联网的权利(to participation)，英国学者索尼娅认为互联网使用权是儿童最基本的权利，接下来是网络参与权、受教育的权利、表达权、隐私权、免受性及语言骚扰的权利。[①]学者佐伊·伦顿(Zoe Renton)则认为互联网环境下，儿童享有更多的权利，如不被歧视的权利、互联网参与权、受教育权、休息

---

① LIVINGSTONE S, THIRD. Children and young people's rights in the digital age: An emerging agenda[J]. New Media&Society, 2017: 659.

和玩乐等权利。[①]随着互联网的发展，一方面基础设施建设不断加强，儿童有更多的机会接触到互联网；另一方面，互联网文化的普及，使得儿童更加提倡个性和自我展示，也更加敢于表达自我。

二、未成年人权利的特殊性

从儿童权利的发展史来看，人类是逐步发现了儿童的特殊性，逐渐认识到成年人与儿童的不同。一方面，儿童是成年人的特殊形态，儿童相较于成年人更加脆弱，需要更多的保护；另一方面，儿童拥有与成年人一样的权利，只是人类的尚未成年的无法行使全部权利的群体。所以，儿童既需要基本的权利保护，又需要特殊的保护。

（一）未成年人生理机能上的特殊性

儿童是尚未成熟的人类，其生理机能尚未成熟，与成年人相比，在体力、脑力、心智、社会经验等方面均有不足，这样会导致三个结果：一是无法分辨信息。未成年人缺乏相应的社会经验，无法准确分辨信息，例如不怀好意的商业广告，未成年人极易成为成人世界广告的被捕食者（prey），在进入互联网时代之后，未成年人更容易被互联网广告所追踪，洗脑购买某些产品。二是自我保护能力不足。由于缺乏社会经验，不知道如何在社会环境中保护自己，尤其是现代社会，互联网信息如潮水般涌现，如果无法对信息进行筛选，又缺乏自我保护的能力，未成年人很容易迷失在互联网信息中。互联网环境下也存在泄露个人踪迹的情况，将现实的风险从线上转移到线下，威胁儿童的生命安全。三是需要父母的保护。未成年人心智尚未成熟，一些权利的行使，必须通过监护人来实现。年龄越小的未成年人越需要父母的关照，

---

① CHILDREN'S RIGHTS ALLIANCE FOR ENGLAND.Children's rights and their online and digital interactions: briefing ahead of Baroness Kidron's debate[EB/OL].（2014-11-20）[2019-08-29]. http://www.crae.org.uk/media/75190/NCB-CRAE-briefing_UNCRC-and-digital-world.pdf.

但是随着未成年人的不断成长，未成年人的自主意识与父母严格监管之间的矛盾就会不断增加。未成年人既要依靠父母的养育才能生存，又随着年龄的增长有独立于父母的内心需求。

（二）未成年人权利实现的依赖性

从理论上看，儿童是人类未成熟的状态，儿童毫无疑问享有人权，儿童又是人类的特殊状态，需要特殊的保护，所以儿童享有特殊人权。但是在实践中，儿童的一些权利并非能够独自享有，需要依靠监护人的帮助才能得以实现。吴鹏飞教授将儿童的权利分为两个部分，即自由权和被保护权，如果儿童行使自由权，如表达自由，无须经过成人的帮助，但是一旦行使被保护的权利，如监护权、受教育的权利等，则需要获得成年人的帮助。在实践中，儿童作为限制民事行为能力人或者无民事行为能力人，需要监护人的帮助才能行使一些权利，当儿童权利受到侵害时，需要监护人代为起诉。可以看到，在行使被保护的权利时，未成年人是无法单独享有权利的，需要监护人帮助实现。

（三）未成年人权利的易受侵害性

前文提到了由于儿童心智的不成熟，体力、脑力、社会经验相对缺乏，儿童权利极易受到侵害，尤其在互联网环境下。根据《中国青少年互联网使用及网络安全情况调研报告》显示，三分之一的青少年（13岁以上未成年人）在社交软件、网络社区和短视频平台上遭遇过色情信息骚扰，35.76%的青少年遭遇网络诈骗。未成年人一方面不知道如何进行自我保护，无法辨识信息的真假，容易被蒙蔽，泄露自己的信息，将线上危险带到线下。另一方面，一旦侵害发生，未成年人自我保护能力不足，既不知道如何保护自己，也无法辨别自己的权利是否受到了侵害。未成年人囿于年龄、心智的不成熟，较难表达自己真实的权利诉求，如果立法尚不完备，儿童权利更易被侵害。

儿童是尚未成熟的人，儿童享有基本人权，但是又由于生理机能处于特殊的状态，所以享有特殊的权利，需要特殊的保护。儿童权利不仅包括各个国际条约所规定的生存权、发展权、受教育权等，还包括参与权、游戏权、隐私权等，尤其在互联网环境下，这些权利的保护尤为重要。

第三节 未成年人隐私权保护的重要性

隐私权是人权的重要组成部分，它既是人的尊严、荣誉、财产安全等基本权利得以实现的前提，又是人的生命、自由、幸福等人格权利核心价值的体现。隐私权也是儿童权利的重要组成部分。互联网诞生之后，儿童隐私权更是为各国所重视。由于儿童本身的特殊性，在保证其权利时要给予特殊保护。"隐私"一词虽然自人类诞生之后，就以"羞耻心"的形式植根于人类的意识中，而"隐私权"则诞生于大众媒介快速发展的19世纪末期，大部分学者认为，1890年，美国学者沃伦和布兰代斯首次提出了"隐私权"的法律概念。隐私权在1948年《世界人权宣言》中被列为基本人权。直到20世纪后期，互联网媒介诞生之后，互联网隐私权才被提出。未成年人互联网隐私权是在20世纪末期才被大众重视，以美国1998年通过的《儿童在线隐私保护法》为代表。未成年人的隐私权保护具有重大意义，事关未成年人人格尊严、身心健康、全面解放的最终实现。

一、实现未成年人的人格尊严

前文提到了儿童的特殊性，他们是人类群体的幼年状态，但是他们同样是人，自然享有人的权利。隐私权是人格的起点，是作为人的最基本的权利。隐私权往往与自决权相联系，一个人可以决定自己是否要留长发，是否可以拒绝他人未经允许闯入家中，是否可以拒绝他人对其医疗信息和私生活的内容进行公开，这是对自我人格的主张，也是在不断完善自我人格。尽管未成年人在一定年龄范围内无法做出像成年人一样的决定，例如受教育、更改名字、个人信息变更等。但这并不代表未成年人没有人格，其人格不需要受到尊重，对未成年人最基本的尊重就是对其隐私的尊重。如果一个人幼年时期的人格尊严、个人权利没有受到足够的尊重，那么很难期待他长大之后能成长为一个自尊自爱的人。需要让未成年人从小就对隐私自决权有初步的了解，让其知晓人的边界、权利的边界。对未成年人隐私权的尊重，能够更好地提升儿童的自我认同感和自我价值感，有利于自尊自爱健全人格的塑造。

二、保证未成年人身心健康

儿童隐私权保护看似是老生常谈，但是常谈常新，尤其是在互联网环境之下，未成年人的隐私保护显得更加重要。未成年人的隐私信息不仅涉及未成年人在线上的安全，也关乎未成年人在现实生活的安全。有大量案例显示，由于未成年人在网络上个人隐私泄露，导致现实生活中的惨剧发生。人肉搜索、身份盗窃、网络暴力、绑架等针对未成年人的事件并不少见，造成了严重的后果。还有通过未成年人隐私来盗取家长个人信息，进而导致诈骗、窃取银行卡的案件发生。所以，保护未成年人隐私，不单单是帮助未成年人建立健全人格，也起到了保护未成年人及监护人的身心健康，财产安全的作用。进而维护家庭稳定和谐、消解社会矛盾、保证社会稳定。

三、实现未成年人其他网络权利的基础

随着互联网时代的到来，儿童虽然从中获益，但是也面临着多方风险，儿童遭受性剥削、网络霸凌等问题一直充斥着网络空间，在各国都屡见不鲜。儿童作为人类的特殊形态，其权利和价值时常被成年人所忽略，甚至为成年人所剥夺。儿童的互联网权利不只有隐私权，还包括表达自由、信息近用权、参与权等。但是隐私权是保障这些权利的基础，隐私权最基本的表现是个人对个人信息的尊重和控制。尊重儿童隐私权，是将其作为单独的社会个体来进行尊重，而非视其为家长的附庸。隐私权是公民人格尊严的体现，尊重儿童的隐私权既是对儿童自主选择权的尊重，也是对于儿童作为人的基本价值和权利的尊重和肯定，有助于儿童健全人格的塑造，也为儿童行使其他网络权利奠定了基础。

第三章　媒介变迁下的未成年人隐私权保护

马歇尔·麦克卢汉曾说："人活在传媒环境中，并不留意它的存在，如鱼活在水中，并没意识到水的存在一样，媒介构成了我们的环境，它与人的关系就如水对鱼一样重要。"从人类最初的口语传播时代到印刷媒介时代，再到广播电视媒介时代，直到互联网媒介时代，有两条线在不断交汇，一条线是随着媒介的变迁，儿童权利不断发展，另一条是隐私权的产生和发展。这两条线直到印刷媒介后期才真正交汇，因为直到印刷术发明之后，儿童才从成人的世界中分离出来；直到1890年，隐私权的概念才由美国的学者提出；直到20世纪，才开始对儿童隐私权进行保护。在不同的媒介环境下，未成年人隐私权的保护呈现不同的面貌和发展状态。"新的媒介的出现，并不意味着旧媒介的消亡，新媒介中蕴含着旧媒介的特点"，媒介在未成年人隐私权的保护中又起着巨大的作用，所以在谈论未成年人隐私权保护时，既要重视媒介的作用，也要依据媒介的特性来选择保护方式和方法。

媒介环境学派的核心人物哈罗德·伊尼斯认为，传播技术的变化无一例外产生了三种结果：它们改变了人的兴趣结构（人们所思考的事情）、符号的类型（人用以思维的工具）以及社区的本质（思想起源的地方）。正是媒介影响着我们社会环境的变化，而隐私概念的提出也与媒介有着千丝万缕的联系。

麦克卢汉提出了"媒介即讯息"的理论，社会学者戈夫曼提出了"情境"理论，即人会在不同的情境中调整自己的行为，以遵循不同的行为规范。媒介环境学派学者梅罗维茨在麦克卢汉和戈夫曼的基础上提出了新的理论，他认为，电视媒介的出现，打破了传统的社会情境，产生了新的社会情境，而这种社会情境就是我们所熟知的信息系统，由于传播媒介的变化，传统的信息系统被改变，新的社会角色、新的社会规则发生变化，传统的私人情境和公共场域界限变得模糊，人的社会角色发生了新的变化。每一次传播媒介的革新都会产生新的信息环境，新的信息环境改变了人们的习惯和社会规则。从梅罗维茨的理论来看，对于隐私权的侵犯则是将原本属于"后台"的生活内容放到了"前台"。但是随着媒介的变迁，信息环境不断发生变化，"后台"的内容并非一直是人们观念中的"后台"，对"前台"和"后台"内容的认知也发生着深刻的变化，传统媒介下认为是隐私的内容可能随着媒介环境的变化而不再认为是隐私，伴随着媒介而出现的新的内容则可能被认为是隐私。在不同的媒介环境下，未成年人的隐私权保护也呈现了不同的问题，将在本章展开描述。

第一节　印刷媒介环境下的未成年人隐私权保护

一、印刷媒介诞生之前

印刷术在15世纪出现，在此之前，可以算作是麦克卢汉认为的口语传播时代。大部分学者认为隐私权的概念出现在19世纪。即1890年，美国学者沃伦和布兰代斯在《哈佛法学评论》上发表的《论隐私权》被视为法律概念上的隐私权产生的标志。在15世纪之前，儿童尚未从成年人的世界中分离出来，社会主流并不认为儿童需要得到特殊保护。只有零星的学者认为成年人应当在儿童面前注意自己的言辞，如昆体良[1]和亚里士多德[2]。随着文字的诞生，人

---

[1] MAUSE L. The history of childhood [M]. New York: The psychohistory Press, 1974: 45.
[2] 亚里士多德在《政治学》里说，儿童时期容易受熏染，任何不好的见闻都可能使儿童养成恶习，立法的首要任务是在城邦杜绝一切秽亵的语言。

类文明不断发展，朴素的羞耻观已经产生。基督教的神话中，受到蛇的蛊惑，偷吃了智慧果之后，亚当和夏娃就产生了羞耻观，开始有意识地用叶子遮盖自己的隐私部位。羞耻观的出现，标志着人类开始进入自我觉醒的阶段，也将人和动物彻底区分开来。现代心理学认为，正是由于羞耻心的出现，人类才开始萌发出隐私的意识。①

虽然隐私权的概念要在几个世纪之后才会被正式提出，在当时朴素的羞耻观已经产生，人们的自我认识不断提升，对自我身体的支配产生极大的意愿，也出现了不想让自己的私密部位被他人看见的要求，这是后来逐渐发展为隐私观念的基础。羞耻心是隐私观念的起源，而高度发展的羞耻心也是成年人与未成年人进行区分的重要标志。随着羞耻心进一步发展所带来的是开始对"私域"和"公域"的模糊区分，虽然尚未达到哈贝马斯的严格分别，但是这种诉求也开始生根发芽。

二、印刷媒介对未成年人隐私权的影响

印刷术是人类历史上最伟大的发明之一，它促成了新旧媒介的交替，极大地推动了整个人类历史的发展。印刷术的发明标志着人类已经掌握了复制文字信息的技术原理，有了对信息进行批量生产的观念。②它促进了人类历史上报纸的诞生，它打破了时间和空间的垄断，让图片和文字能够永久地保留下来。报纸的诞生，在带来人们阅读乐趣的同时，给人们的私人生活也造成了很大的困扰，这种困扰反而推动了隐私权的发展。19世纪末，正是由于北美报业的迅猛发展，为了攫取人们注意力，小报开始大肆发布谣言来博得眼球。这一行为对沃伦的私人生活造成了困扰，于是他提出了一种不同于以往任何权利的"独处的权利"。不仅如此，印刷媒介又将未成年人与成年人通过阅读能力进行了分化，将儿童彻底从成人世界中分离出来。

---

① 朱理.网络隐私权的保障和冲突［J］.网络法律评论，2001，1：231.
② 郭庆光.传播学教程［M］.2版.北京：中国人民大学出版社，2011：31.

（一）进一步确认了儿童的特殊性

印刷术将儿童从成人世界中分离出来。15世纪中后期，活字印刷术的发明，对整个欧洲历史产生了巨大深远的影响。首先，印刷术的发明使得整个欧洲知识快速传播开来，让科学思想不断普及。伊尼斯认为纸张是偏向于政治组织的媒介，有了印刷术之后，纸张的发明促进了通俗语言的发展，使通俗语言在民族主义的发展中表现了活力。其次，标准化的印刷形式导致了统一符号的应用，形成了统一的科学语言，促进了欧洲大陆科学家的交流，进一步普及了科学思想。伊尼斯认为字母表适应了机械化工业的需要，成为文化教育、广告和贸易的基础。最后，印刷术的发明让儿童真正从成人世界中分离开来。

正如梅罗维茨提到的，新的信息环境被重新建造必然带来人们行为上的变化。随着印刷媒介的产生和普及，人们开始习惯运用书写、阅读来获得消息和知识。新的信息环境被重新塑造，但是这种信息环境未成年人并不能随意进入。在印刷术诞生以前，成人和儿童分享一个共同的信息环境，儿童被动或者主动地接受成人信息，而在印刷术出现之后，成人的信息环境充斥着更多的知识，儿童无法在短期内理解，必须通过学校教育和学习才能获得这些知识，才能成为"印刷文化所要求的那种人"。这使得"儿童在社会上的地位发生了翻天覆地的变化"。儿童不再被看作成年人的缩影，而被看作完全不同的一类人，即未发展成型的成人。

学校教育开始认同儿童自身的特殊性。在学校将儿童和成人分隔开来之后，针对适合不同年龄阶段儿童的教育也开始出现。在这之后，欧洲开始出现适合儿童的服装，在此之前，儿童的服装都是"小大人"的形式，儿童用语开始出现，关于儿童的书籍也不断涌现，甚至儿童的名字都开始变得独特起来，以往由于儿童容易夭折，所以儿童的名字都是一样的。

（二）推动了隐私权及儿童权利的发展

18世纪到19世纪，随着资产阶级革命的进一步发展，印刷机械和印刷技术的不断改善，报纸产业逐渐走向了现代化，新闻书、廉价报纸、通讯社不断发展。尤其是美国的廉价报纸，为了取悦读者，大肆报道丑闻、流言蜚语、离婚、性、名人私生活等内容来获得市场，甚至出现了"黄色新闻""廉价报纸"时代。"从1850年到1890年，美国报纸发行量增长近十倍，他们竞争激烈，并广泛深入地渗透了整个社会。纯粹死人的事件可能会在一夜之间变成公共话题，而报刊似乎日益倾向于开展这种活动。"[①]这些内容深深地侵犯了人们的私生活，已经到了"不可原谅"的程度。1890年，沃伦和布兰代斯在《哈佛法学评论》上发表了《论隐私权》一文，强调人们应当有一种不同于以往的其他权利，即"不被打扰的权利"（the right to be let alone），这标志着隐私权的诞生。随着美国的廉价报纸进一步刺探人们的隐私和底线，隐私权逐渐为公众所接受，公众的隐私保护意识不断觉醒，隐私权也被司法部门进一步确认，隐私保护的司法判决数量不断增加。

与此同时，新闻媒体成为当时社会中一支独立的力量。新闻媒体成为争取公民权利的重要阵地，人们开始关注儿童的生存权利。进入20世纪后，各个国家开始纷纷立法保证儿童的基本权利。1919年英国成立了救助儿童会，为在第一次世界大战中遭受痛苦的儿童提供资金援助，之后，救助儿童会起草了简明儿童权利宣言，1924年在国际联盟通过，被称为《日内瓦儿童权利宣言》，在世界范围内确立了儿童权利的话语。1959年《儿童权利宣言》提出。1989年，联合国通过了《儿童权利公约》，建立了保护儿童权利的基础，即不歧视，确保儿童权益，生存和发展权利，以及尊重儿童的选择、保证儿童隐私权等。

随着印刷媒介的快速发展，知识的大量普及和人们思想的不断开阔，以及隐私权理论的进一步发展，人们开始逐渐关注未成年人隐私保护问题。1974年美国颁布了《家庭教育权和隐私权法案》，对在校未成年学生的隐私、可以公开的隐私范围、公开程序，未成年学生的父母违反处罚等做了详细的

[①] 展江，吴薇. 开放与博弈：新媒体语境下的言论界限与司法规制 [M]. 北京：北京大学出版社，2013：217.

规定。1985年，在New Jersey诉T.L.O.①一案中，美国最高法院判决未成年学生享有隐私权。1946年日本宪法进一步确认中小学生拥有独立人格权，为保障中小学生的隐私权提供了基本的法律保障。

第二节 电子媒介环境下的未成年人隐私权保护

电子媒介主要指广播、电视，广播、电视的发明是人类历史上最伟大的发明之一，它是世界上覆盖面最广、用户最多、影响最大的大众媒介。世界上所有国家都开办了广播电台，绝大多数国家开办了电视台。②伊尼斯认为广播是倚重空间的媒介，所以它比印刷媒介传播的范围更加广阔，虽然具有便携性、传播快的优势，但却转瞬即逝，时间固定，无法长期保存。而电视是广播的升级版，它不仅传播声音，还传播图像。麦克卢汉认为电视媒介是人的视觉、听觉等几种感官的延伸，更重要的是，它不再像印刷媒介一样，将不同阅读能力的人进行分割，所以电视的受众更加广泛。随着电视媒介的不断普及，侵犯公民隐私的案件较印刷媒介时期有所增加，人们保护自我隐私的意识不断增强，隐私理论不断发展。由于广播电视媒介不需要提前学习相应的知识，未成年人重新与成年人进入了同一个信息环境中，而此时针对未成年人的保护则是，利用法律和政策重新将未成年人与成年人的信息环境进行分割，而这个思路也被运用在了之后未成年人互联网隐私保护中去。本节侧重于分析电视媒介对于未成年人隐私权的影响。

---

① T.L.O.是美国新泽西州某学校的14岁高中生，被副校长怀疑抽烟，进而搜查她的私人钱包，发现她持有并贩卖大麻。本案的争议焦点是副校长是否有权利搜查学生的私人钱包，美国最高法院认为，学生在学校里享有合理的隐私期待，但是这种隐私期待必须要与学校维护教育环境的需求相平衡。See New Jersey v.T.L.O.（1985）。

② 涂昌波.广播电视法律制度概论［M］.3版.北京：中国传媒大学出版社，2018：1.

一、电子媒介对未成年人隐私权的影响

首先，电视媒介打破了未成年人与成年人信息系统分离的状态。电视媒介不像印刷媒介一样需要耗费大量时间去"编码"和"解码"，要求受众接受足够多的教育才能理解。电视媒介展现的是声音和图像信息，它不筛选受众，每一个受众都可以在电视前观看电视节目，包括未成年人。共同的信息环境导致的结果是，童年的消逝，儿童越来越"成人化"。

其次，电视传播极其生动且能展示事件的整个过程，让"前台"和"后台"，即"公域"和"私域"的界限也变得模糊起来。梅罗维茨在《消失的地域》中认为，通过电视，成人"后台"的小秘密就被放到了"前台"，完整地展示在儿童面前。它允许非常小的孩子参加成人的"交往"，因为难以分辨真假，儿童在电视的"帮助"下，参与到了成人的世界中去，如葬礼、战争、求爱等。"电视社会意义的重点不是在于电视播放什么，而是其作为一种共享场地的存在。"①

再次，"羞耻心"的衰落。波兹曼认为，印刷媒介建立的抽象思维世界强化了人们对身体和头脑二元对立的观念，即崇尚理性、抽象的活动而贬低身体的需求，因而印刷媒介时代是人类羞耻心的巅峰状态。随着电视媒介时代的到来，电视图像、声音对感官进行了极大的刺激，让人们的思维进入非线性的、重叠的、直接性的发展，理性思考变得稀缺，甚至不假思索地接受图像带来的刺激和满足效果，"娱乐至死"成为当时的一个基本状态，羞耻心被不断地消解和消融。羞耻心与隐私紧密相连，电视媒介环境下，丑闻、性、流言蜚语又重新被搬上荧幕，其副作用要比印刷媒介时期严重得多，对于"私生活"领域的侵犯也不断加剧。

共享相同的信息环境，对于儿童来说并非好事，儿童被暴露在成人的信息环境下，本应放在"后台"的内容被搬到"前台"来，儿童过早地接触到

---

① 梅罗维茨.消失的地域［M］.肖志军，译.北京：清华大学出版社，2002：220.

了成人的世界，致使印刷媒介影响下激发出来的羞耻心被不断消解。不仅如此，儿童更难厘清"前台"和"后台"的区别，哪些场合是"前台"，哪些场合是"后台"，哪些是隐私，哪些可以放置在公众的视野下，儿童无法辨别。儿童也成为隐私侵犯的对象，但是他们却浑然不觉，更可怕的是，那些广播电视的从业人员也浑然不觉。

二、电子媒介环境下未成年人隐私权侵权的特点

隐私侵权更加容易。麦克卢汉认为，广播电视媒介是人的视觉、听觉感官的延伸。波兹曼进一步解释，大量的图片、声音刺激，场景的真实再现，削弱了人们的理性思维，也消解了羞耻心，让整个社会更加追求"娱乐"，隐私被不断挖掘搬到镜头前供人们娱乐，隐私侵权更加容易。由于电视媒介的影响，儿童不再是阅读媒介下的单纯儿童，他们从电视上了解到了更多成人世界的秘密，也让"成人与儿童的界限更加模糊"，儿童很容易成为被侵权对象，但是又浑然不知。梅罗维茨认为："当不同的场景组合在一起后，原本恰当的行为可能就不合适了。当一个特定的私人场景与其他社会场景融为一体，变得公开时，行为方式必须随之调整、变化。场景的组合改变了角色的行为模式并且改变了社会现实的构成。"电视媒介的存在，由于其逼真性、强烈的感官刺激，将各种真实的社会场景展示给儿童，而儿童与这些场景融为一体，他们在电视上参与到了成人的世界中，在媒介的帮助下，新的角色产生——"像成人的儿童"。印刷媒介几百年的努力，将儿童从成人世界中分离出来，却在电视媒介的普及下，儿童的特殊性被进一步消解甚至模糊。电视媒介下的儿童，既不具备成人自我保护的能力和意识，又沾染了成人世界表面的习气，如在衣着打扮上不断与成人靠拢，让成人与未成年人的界限进一步模糊，所以成人世界常常忘记他们的特殊性，针对儿童的隐私侵权也逐渐变多。

侵权方式多样化。与印刷媒介相比，电视媒介的侵权方式是多样的，包括文字、声音、录像等载体符号都可能涉及未成年人的隐私内容，生动直观

的形象展示相对静态的文字报道更容易造成未成年人被侵权的实际后果。[①]而电视媒介相较于印刷媒介，招致隐私权相关的诉讼概率要高很多。更为可怕的是，很多电视媒体从业人员浑然不知自己对未成年人隐私进行了侵犯。

侵权范围影响更大。广播、电视媒介是跨越了空间和时间的媒介，相较于印刷媒介，电子媒介的传播范围更为广泛。尽管电视节目是在固定的时间播出的，且转瞬即逝，但是随着技术的发展，录像机等技术的出现，为长期保护电视节目提供了可能。相较于印刷媒介，电视媒介侵权影响的范围更大、影响的时间更久。

这一时期的保护方式倾向于将成年人与未成年人的信息环境重新分隔。由于媒介的变化，儿童与成年人进入了相同的信息环境，政府对于儿童的保护开始变为区分成人和儿童的信息环境，防止儿童进入不适宜的信息环境。最典型的做法是分级和过滤软件的使用，包括这一时期的电视分级、电影分级制度，以及之后的电子游戏分级制度和过滤软件的使用，都是试图将儿童与成年人的信息环境进行区分。20世纪90年代初期，世界大多数国家开始对电视进行分级，美国、韩国、新加坡等国都开始对电视内容分级。美国从1996年开始实施分级制度，设置了专门的电视内置芯片，由家长来决定封锁哪些节目。从本质上看，这些措施还是将未成年人与成年人的信息环境进行分隔，这种思路在未成年人互联网隐私保护中也得到了运用。

第三节　互联网环境下未成年人隐私权保护的新问题

麦克卢汉指出，每一种技术都创造一种新的环境，汽车、铁路、收音机和飞机都是这样的。任何新技术都要改变人的整个环境，并且包裹、包容老的环境。每一种技术都对人的信息系统进行了重构，造就了新的社会环境。"一旦

[①] 潘娜.从"私域"的消解看当前电视媒介的视域偏向［D］.南宁：广西大学，2012.

一种新技术进入一种社会环境，它就不会停止在这一环境中渗透，除非它在每一种制度中都达到了饱和。"20世纪60年代末期，互联网开始在美国出现，并在之后的一个世纪中，对整个人类社会发展产生了巨大的影响。互联网的出现改变了整个信息系统，改变了人们的思维习惯和行为方式。与传统媒介（印刷、广播、电视媒介）相比，互联网媒介兼具强大的时间和空间偏向，而时间和空间的偏向矛盾无法调和，又产生了新的社会问题。传统的线性传播模式被消解，"私域"和"公域"的界限进一步模糊，隐私的表现形式和理念都被重新构建，新的问题不断出现，新的侵权方式不断涌现，传统的隐私保护方式经受多方考验。对于未成年人来说，在互联网媒介环境下，隐私保护已经不单单是一个家庭的问题，更是一个社会、一个国家亟待解决的重要问题。

一、互联网媒介对新的社会"情境"的建构

媒介环境学派学者梅罗维茨在综合了戈夫曼的场景理论和麦克卢汉的媒介理论的基础上，分析电视媒介的出现如何改变了社会信息系统，进而改变了人们的行为方式，在此基础上提出了"新媒介，新情境，新行为"的理论。虽然他并没有对互联网媒介进行分析，但是仍然可以借助他的理论来分析互联网媒介对于整个社会"情境"的建构。

郭庆光教授在《传播学教程》中总结了互联网的六个特点：传播速度的实时性，信息内容的海量性，信息形态的多媒体性，信息检索的便利性，传播过程的交互性，传播范围的全球性。互联网媒介的六个特点都是印刷媒介、广播媒介、电视媒介所无法比拟的，互联网媒介基本综合了传统媒介的全部特点，又有着传统媒介所没有的特征，这些新的特征引发了整个社会信息系统颠覆性的变化。

（一）时间性和空间性的同时拓展

伊尼斯在《帝国的传播》与《传播的偏向》中提到了传播媒介具有偏向性，或偏向时间或偏向空间。偏向时间的媒介笨重、不利于传播，但是却可

以将历史永久地记录下来，如黏土、石头、羊皮纸等，便于维护传统等级观念，维护等级社会秩序。偏向空间的媒介虽然保存性差，却利于信息远距离传播，如莎草纸、纸张等，它们扩大了人们的交往范围，推动了知识的传播。

互联网是既偏向时间又偏向空间的媒介，从时间上来看，互联网是"有记忆的"，这种记忆甚至长过普通人的寿命，短时间内可以无限复制。从空间上来看，麦克卢汉的"地球村"预言早就成为现实，几秒钟内互联网信息可以从地球的一端传到另一端。互联网媒介是人的眼睛、耳朵、嘴巴等更多器官的延伸，足不出户，就可以与五大洲的人进行交流。甚至随着技术的发展，人工智能在某些方面可以代替人脑。伊尼斯认为，帝国成功的关键在于能够很好地解决时间和空间的平衡问题。但可惜的是，虽然现代互联网实现了时间和空间的双重偏向，却很难实现两者的平衡，时间偏向和空间偏向产生了巨大的矛盾，引发了诸多社会问题，而未成年人互联网隐私就是其中之一。一旦未成年人的隐私内容泄露，在互联网上可能被无限复制，即便从数据库中删除，也无法删除下载到他人硬盘的内容，如果他人再次上传到服务器，又会在短时间内从地球的一端传递到另一端，对未成年人又是一种伤害。为了试图平衡这种偏向，美国加州于2015年制定了"橡皮擦"法案，要求网络服务提供商删除未成年人一时兴起发布在社交网络上的不雅内容，以保护其隐私。初衷虽然是好的，但是囿于互联网极强的时间和空间偏向，很难真正实现。从历史的长远角度来看，互联网的时间偏向和空间偏向对于人类历史的发展有着巨大的推动作用，但是对于未成年人互联网隐私保护的难度不断加大，侵权越发容易，且隐蔽性越来越强，保护难度越来越大，很容易对未成年人造成二次伤害。

（二）传统传播模式的消解及新的社交情境的建立

梅罗维茨将场景视为信息系统，他认为物质场所与媒介场所并非互不相让的，它们是同一系列的不同部分，二者互相影响。媒介所建构的信息环境会制约、影响着人们行为的变化，"地点和媒介同为人们构筑了交往模式和社会信息传播模式"。互联网媒介诞生之后，对传统的传播模式进行了冲击，又推动了新的社交情境的建立。

传统的媒介环境下，通常只有一个把关人，且为单向传播，信息由受众反馈给传播者相对困难，需要大量时间才能实现。而互联网媒介下，出现了多向传播，每一个受众都可以成为传播者，且在几秒钟内即可完成信息反馈。受众不再是被动地等待信息传播，而是开始主动选择信息，且受众也可以成为传播者。互联网的存在，也将介质与应用进行分离，我们不再像电子媒介环境下，需要一个电视或者收音机才能了解新的信息，随着智能手机、可穿戴设备的普及，人们对于信息的接收不再依赖于固定的载体，随时随地可以利用智能手机或者可穿戴设备接收、发送信息。传统媒介下的有形的地点交往模式被逐渐取代，人们逐渐会根据自己的兴趣爱好，通过互联网会集在网络社区，也更加能够证明梅罗维茨说的"对人们交往的性质起决定作用的并不是物质场地本身，而是信息流动的模式"。在信息流动的环境下，即便没有有形的固定场所，人们也可以根据兴趣爱好进行网络社会会集，互联网的匿名性又让人们更加敢于畅所欲言。打破了阶级的、消解了权威的互联网仿佛是"自由"和"平等"的代名词，但这只是互联网的一个方面而已。

在海量信息面前，未成年人迷失其中，随时随地可以利用互联网进行信息互换，加入网络社群，而匿名性又让未成年人的社交风险增加，"你永远不知道你对面坐的是人还是狗"，对于未成年人来说，你永远不知道你对面坐的是好人还是坏人。专业把关人的缺失很容易未经核实就让未成年人承受信息泄露的风险，如中国某地一个服装店店主怀疑某高中生偷窃，遂将其照片放在社交媒体上，导致该高中生因遭受网络暴力而自杀，事后证明该高中生并未偷窃。

互联网媒介打破了传统的传播模式，建立了相对"自由""平等"的社交环境，但是对于未成年人互联网隐私保护来说，涉及的范围不断扩大，如果传统媒介环境下对未成年人的隐私保护更加强调媒体责任的话，那么互联网环境下，整个社会都需要参与进来。不仅如此，互联网的匿名性等特性，也让维权的成本不断提升，侵权更加容易。

（三）"公域"与"私域"的进一步模糊

"公域"更像戈夫曼理论中的"前台"，即可以展示给公众的内容，"私域"则代表了"后台"，即个人的与大众无关的内容，即隐私。梅罗维茨对戈夫曼的"前台"和"后台"进行了新的解读，他认为印刷媒介将"前台"更多地展示给公众，有利于维护统治和树立权威，而电视媒介则倾向于将"后台"展示给公众，对权威进行了消解。互联网媒介则是将"前台"和"后台"全部展示给普通公众，让"前台"和"后台"相融合。新的媒介成为大众生活的日常，新的信息系统不断出现，一步步影响了人们的行为，在互联网上记录自己的生活成为一种常态。这种常态化不仅影响了成年人，也影响了未成年人。据调查显示，近年来，未成年人的首次触网年龄逐年降低，甚至在未出生之前他们就已经在互联网上留下了自己的"踪迹"。虽然在传统媒介下，公共领域与私人领域也并非泾渭分明，但是也不曾如互联网环境这般复杂。私人事件因公开传播而获得伪公共性，公共事件因私人化接受而弱化了其公共性。互联网媒介下的把关人严重缺位，网络用户生成了内容又无法有效把关，对他人隐私侵犯概率不断加大。传统的隐私权理论是建立在"公域"和"私域"区分的基础之上，但是在互联网环境下，"公域"和"私域"的界限进一步模糊，传统的保护方式也被进一步弱化。

（四）信息环境分割仍然为未成年人互联网隐私保护的主要方式

电视媒介开始让未成年人与成年人重回同一个信息环境，从电视媒介分级制度开始，将未成年人与成年人的信息环境重新进行分割，就成为保护未成年人的主要方式之一。美国、欧盟以及中国等国家和地区对于未成年人互联网隐私的相关法律法规采用的仍然是对未成年人信息特殊关照，将其与成年人信息环境分割，如采用父母监管的方式，将未成年人信息筛选出来，进行特殊保护，或者建立专门适合未成年人的信息环境等来保护未成年人互联网隐私。但是这种方式的前提是建立在传统的"公域"和"私域"两分法基础之上的，随着互联网媒介错综复杂的信息系统，"公域"和"私域"并没有清晰的分界，这种分割信息环境的方法是否能够如传统媒介环境下一样有效，仍然有待进一步商榷。除了传统的分割信息环境，阻止信息有效流动之外，当前学界还提出了新的理论，如情境脉络完整性理论，在不阻止信息流动的情况下，对未成年人互联网隐私保护进行重新界定，将在下文进行详细阐述。

（五）智能传播环境的新问题

随着大数据、5G、人工智能等技术的应用，智能传播时代已经到来，其与之前的互联网环境有着很大的区别。主要表现在三个方面：一是大数据、人工智能等技术在传播中的普遍应用；二是以用户为中心的综合性媒体的使用，实现个性化推荐，麦克卢汉的"媒介即按摩"成为现实；三是机器人开始成为传播主体，如新华社的AI主播、腾讯的写作机器人Dreamwriter等。智能传播带来了变革式的发展，通过大数据可以毫不费力地收集海量信息，并迅速分析出一个人的基本特征、个人偏好等，甚至只收集一个人在互联网留下的"蛛丝马迹"，很快就能拼凑出这个人的"用户画像"，实现精准营销，向目标受众精准推送广告。

在这种海量信息面前，个人隐私保护变得更加脆弱不堪。控制大量信息的网络平台的能力不断增强，却缺乏有效的他律和自律。天秤另一端中相对弱势的未成年人用户所面临的，不仅仅是以往互联网中个人信息泄露的风险，更面临着占有海量信息的高位者的数据绑架。网络平台通过海量信息分析出个人特征后，对未成年人进行心理操控和情绪操控并诱导其消费。2019年美国联邦贸易委员会对知名视频网站YouTube罚款1.7亿美元，就是因为YouTube非法收集13岁以下儿童信息，并通过心理分析向未成年人投放定向广告。更可怕的是，网络平台为增加点击率，向未成年人灌输扭曲的价值观，确定用户为未成年人后，向其推送暴力、色情等不适宜的广告内容，扭曲未成年人的价值观。欧美国家都曾经出现过汉堡王、麦当劳等广告专门针对未成年人推送，以增加未成年人对这类食品的喜爱程度。在我国，整容广告开始瞄准未成年人，在未成年人价值观和人生观尚未成熟的时候不断增加未成年人的容貌焦虑，诱导其整容，甚至一些未成年人为了整容不惜裸贷。灌输不正确的价值观，导致大量未成年人深受其害，很多专家学者甚至建议禁止向未成年人推送整容广告等。

互联网媒介是人类历史上既具有时间偏向又具有空间偏向的媒介，智能传播技术的发展，则让这种偏向成千百倍叠加。当代人类享有的便利是历史上所不曾有过的，而所承担的隐私风险也是历史上不曾有过的。对于未成年人来说，这种风险也是千百倍叠加的。

二、互联网环境下未成年人隐私保护的特殊性

（一）权利主体的特殊性

前文已经提到，相较于成年人而言，未成年人在年龄、体力、心智、社会经验等方面都有不足，但是并不代表其不享有隐私权，隐私权是公民的基本权利，是"与生俱来"的权利，尤其在互联网时代，隐私权更是现代公民最基本的权利。由于年龄、心智、社会经验的不足，未成年人不具有辨别信息的能力，也不具有对事件结果带来风险的预测能力，这样未成年人在浏览互联网时非常容易被海量信息所误导，甚至成为网络广告商的"被捕食者"（prey），导致信息泄露，将线上风险变为线下风险，影响未成年人的人身安全。而未成年人隐私权保护的不仅仅是未成年人的人身安全，也保护未成年人的心理健康。随着科技不断发展，未成年人触网年龄不断降低，未成年人过早被暴露在互联网环境之下，需要加强引导和教育，才能建立正确的人生观和价值观。互联网让儿童拥有整个世界，但是也让儿童无处可逃。

未成年人与成年人相比，成年人的个人信息可以分为一般性个人信息和敏感信息，法律主要保护的是敏感信息，而在大部分国家，更加强调对于未成年人的保护，美国法律规定13岁以下未成年人的信息全部被认定为敏感信息，我国2020年版《信息安全技术个人信息安全规范》指出14岁以下儿童的个人信息属于敏感信息。有学者提出，信息具有财产权属性，所以，成年人的一般信息，可以充分利用，但是对于特定年龄的未成年人信息，则应全部进行保护。我国2021年通过的《个人信息保护法》则采纳了这一观点，将不

满14岁的未成年人个人信息纳入敏感个人信息的范畴，对未成年人个人信息保护进一步强化。

（二）侵权方式的多样性

1.侵权主体的多元化

在报纸、电视媒介时期，尚不存在如此多元化的侵权主体，一旦出现侵犯未成年人隐私的案件，可以直接起诉相关报纸或者电视媒体或者具体的责任人。而进入互联网环境，传播方式的变革改变了人与人之间的关系，一方面，侵犯未成年人隐私的人变成了父母、老师、学校等亲密的群体。其对于未成年人造成的伤害更大。意大利、葡萄牙均有相关案件，未成年人无法忍受家长长期在社交媒体上未经同意发布过多关于未成年子女的信息，而寻求法律帮助。另一方面，侵权主体可能不再是明确的个人，甚至是躲藏在网络背后的不知名个体或者群体，侵权主体较难追踪。较为典型的是曾发生在中国的人肉搜索未成年学生事件[①]，看似网友在伸张正义，实际上受到伤害最大的可能是网络背后的未成年人。不仅如此，网络服务提供商、网络运营商等都存在大量收集未成年人信息和数据的情况，一旦这些数据被泄露，将对未成年人隐私造成极大的伤害。

2.侵权方式的隐蔽性

前文多次提到，由于未成年人的身心尚处于不成熟状态，既无法识别潜在的危险，又无法意识到侵害已经发生，更不知道如何保护自己。随着互联网的发展，除了电脑之外，智能手机、智能穿戴设备的普及，未成年人从出生之时，就已经生活在互联网的聚光灯下，未成年人对于网络服务提供商、网络运营商隐蔽地收集信息一无所知，甚至不知道自己的信息被收集了，也不知道自己被收集的信息将如何使用。未成年人无法分辨网络上的信息和互联网背后的人，非常容易被诱导。中国出现很多案例，即未成年人在父母都不知情的状况下，利用父母的银行卡、信用卡去打赏网络主

---

① 针对未成年人的人肉搜索案件非常多，比较典型的有2013年在埃及留下"到此一游"的南京某中学学生，其身份证、家庭住址、电话号码等信息都被放到了网络上。

播，导致损失大量金钱。不仅如此，未成年人不善于分辨网络背后的人，打开网页后有大量的不良信息推送，在不知不觉时将自己的个人信息泄露给对方，被对方加以利用，最终导致身心受到伤害。随着人工智能、大数据、5G等技术的发展，通过技术获取个人信息更加容易、更具隐匿性，而取证、调查则更加困难。技术发展的速度要远远快于立法、行业自律、隐私教育等保护方式，所以传统的立法保护方式很容易被新的技术冲击，无法追赶新技术发展的速度。

（三）权利保护的艰难性

1.权利保护的依赖性

未成年人因为年龄限制，所以不属于法律上的完全行为能力人，当其权利受到侵害时，不得不依赖监护人对其权利进行保护。在大部分国家和地区立法中，也将监护人作为保护未成年人互联网隐私的第一责任人，如美国的《儿童在线隐私保护法》和欧盟的《通用数据保护条例》。未成年人不具备自我保护的能力，必须依赖监护人的保护，但是并非所有的监护人都能尽到保护责任，国内外时有父母帮助孩子隐瞒年龄，让孩子独自注册社交网站的情况发生。不仅如此，父母与子女的隐私利益有时候并不一致，随着未成年人年龄增长，想要摆脱父母监管的意愿会更加强烈，甚至出现冲突。

2.多元主体责任难以协调

互联网媒介四通八达，涉及的主体越来越多，未成年人隐私保护不再是单纯的一个家庭的问题，而是整个社会的问题。父母依法对未成年人负有监护的义务和责任，但是就未成年人隐私权保护来说，父母无法有效控制其子女个人隐私信息被收集、使用和分析。实际上海量的信息由网络平台收集控制，网络平台有着极大的责任去保护未成年人隐私，但是当前国内很多平台都"甩锅"给父母。不仅是平台和父母，学校也负有教育和保护未成年人隐私的责任和义务，但是很少有学校开设未成年人隐私保护课程，或者培训教育工作者如何去保护未成年人隐私。所以，从表面上看，多元主体参与保护未成年人隐私，但是实际上，各个主体都没有负起足够的责任，权责很难协调。

三、互联网环境下未成年人隐私保护的理论和现实困境

互联网环境下未成年人隐私保护经受了多方冲击，传播技术带来的大变革、大发展，也让全球面临着一些共性的问题。比如理论上的未成年人不同权利的平衡，实践中法律不足以为未成年人提供有效的庇护等。

（一）未成年人互联网隐私保护的理论困境

1. 当前的保护模式遇到挑战

当前国内外对于未成年人互联网隐私保护的主要模式仍然是对信息环境的分割，将未成年人和成年人的信息采取不同的保护措施，阻碍信息的流动。但是随着技术的不断发展，互联网成为未成年人的生活必备品，互联网信息流动越来越难以被控制，不仅如此，传统媒介下的"公域""私域"的界限不断模糊，在此基础上建立的保护模式不断被挑战，新的保护模式和理论亟待建立。

2. 未成年人互联网表达自由和参与权与隐私权的矛盾

表达自由被认为是现代公民社会建立的基石。表达自由也是现代公民必备的素质之一，儿童权利的最终目的是实现儿童的自由与自我价值，实现儿童权利的重要方法就是给予儿童表达自由和参与互联网的自由。而现代社会中对于13岁以下的未成年人的隐私保护得尤为严格，需要父母的同意，才能进行儿童信息收集和使用。这在某种程度上限制了13岁以下未成年人的表达自由，而且由于法律对服务未成年人的网站提出了更多的隐私保护义务要求，很多网站直接禁止13岁以下未成年人注册，或者服务于该年龄段的网站直接关闭，这也使13岁以下未成年人参与互联网及表达自我的机会降低。保护未成年人隐私和保护未成年人参与互联网与表达自己观点之间的矛盾如何平衡也是中外学者研究的重要问题之一。

3. 父母威权与未成年人隐私权的矛盾

美国和欧盟是对未成年人互联网隐私保护得较早，经验较为丰富，且立

法相对较为完备的国家和地区。主要采用的方法是由父母"同意"原则来决定未成年子女的信息是否可以被收集利用，父母被认为"替代"政府和社会来保护未成年人的隐私权。在这种情况下，父母对于子女的隐私权有极大的决定权，父母的威权凌驾于未成年子女的隐私权之上。从法律规定上来看，隐私权属于人格权，是为权利主体所拥有的，未成年人是享有隐私权的，但是父母对儿童的隐私权有决定权，在这种情况下，法律保护的是未成年人的隐私权，还是保护的家庭的隐私权？而一部分父母对于未成年子女的隐私并不珍视，不经子女同意，就在社交媒体上晒孩子的照片，既泄露了未成年人的隐私，也伤了孩子的心。在欧盟及其成员国中也出现了子女起诉父母在社交媒体发布照片侵犯隐私权的判例。如何平衡未成年人互联网隐私权与父母威权的矛盾需要不断探索。

4.未成年人互联网隐私权与网络安全的矛盾

因为不具备成年人的自我保护能力，无法分辨互联网的各种风险，当前各国所采用的主要方法其实是牺牲了未成年人独立于父母的隐私权来保证未成年人的网络安全。如果未成年人能够脱离父母独自享有隐私权，那么这种隐私权的界限在哪里？如何能够在未成年人独立享有隐私权的同时，又保护未成年人的网络安全？在英国法律中有"mature minor"即成熟未成年人的提法，即未成年人如果足够成熟可以自己做出判断，就可以享有对自己私生活的自决权。但是这种权利是在什么年龄确定的，有多大限度，能够在哪些私生活方面做出自己的判断，英国法律并没有明确的规定。

隐私权是伴随着媒介技术的发展不断向前发展的，随着媒介技术的推陈出新，新的问题也将不断涌现，对于未成年人互联网隐私的理论仍有更多方面的拓展。

（二）未成年人互联网隐私保护的现实困境

1.法律无法为未成年人提供足够的庇护

虽然当前世界各国都在加强未成年人互联网隐私保护的立法，仅2018年就有多个国家和地区对于未成年人的互联网隐私权法进行了修订，中国也在

2019年推出了《儿童个人信息网络保护规定》，2020年的《中华人民共和国民法典》加强了对隐私、个人信息的保护力度，同年对《未成年人保护法》进行了修订，2021年推出了《个人信息保护法》，进一步加强了未成年人个人隐私、个人信息的保护。但是，传播技术不断向前发展，传播技术带来的情境不断变化，法律具有滞后性，远远赶不上技术的飞速发展，新的侵权形式和手段永远不断出现，即便是全世界最早立法保护未成年人隐私的美国，未成年人隐私保护仍然存在着大量漏洞，所以单纯地依靠法律保护未成年人隐私是不现实的，也是不客观的。诚然，法律是未成年人隐私保护最有效的一环，但是未成年人隐私保护需要全社会的共同努力，需要调动各方主体的积极性。

2. 保护儿童互联网隐私意识仍需加强

早在2017年，联合国儿童基金会发布的《2017年世界儿童状况：数字时代的儿童》就已宣称，全世界互联网用户中，约三分之一为18岁以下的儿童与青少年。根据中国网络空间研究院出版的《世界互联网发展报告2017》显示，截止到2017年6月，全球网民数量为38.9亿，2017年全世界约有12.96亿网民为未成年人。随着2019年新冠肺炎疫情席卷全球，根据非营利性组织常识（common sense）的调研显示，2019年至2022年期间，未成年人使用网络的频率大幅增长。但是整个互联网社会对于未成年人并不友好。人肉搜索、隐私泄露之后的网络暴力、陌生人线下见面的骚扰等，都对未成年人的心理健康和身体健康产生了极大的威胁，整个社会对于未成年人隐私保护的意识需要进一步加强，尤其是父母、学校，保护未成年人隐私的意识亟待进一步加强。

第四章　美国与欧盟未成年人
　　　　互联网隐私保护研究

美国和欧盟及其成员国对于未成年人互联网隐私的保护一直走在世界前列，美国早在1998年就颁布了《儿童在线隐私保护法》来保护未成年人互联网隐私，而欧盟更是在20世纪70年代就开始对公民的数据、隐私进行保护，并在几十年间不断推动法律更新，2018年更是颁布了全世界最严格的个人信息保护法——《通用数据保护条例》。这两个地区对未成年人互联网隐私保护的法律原则，权利平衡等有着深刻的理论和实践研究价值。基于对美国和欧盟及其成员国法律制度、司法实践中未成年人互联网隐私保护的观察和思考，主要有以下几个方面的特点：一是以"父母同意"为核心的保护理念；二是以"被遗忘"为核心的基本原则；三是以解决"未成年子女隐私权与父母威权冲突"为核心的保护措施；四是以未成年人权力平衡为宗旨的立法理念；五是不断更新保护理念。

第一节　以"父母同意"为核心的
　　　　保护理念及相关法律实践

"父母同意"原则源自美国1998年的《儿童在线隐私保护法》，该法为世界上最早针对未成年人互联网隐私保护的立法，为未成年人互联网隐私保护奠定了基本的法律框架，为多个国家和地区立法所借鉴。该法的核心内容"父母同意"原则，源于"知情—同意"原则，即数据主体有权知道自己的数据是否被使用及如何使用，并决定是否同意，而未成年人为无民事行为能力人或者限制民事行为能力人，其权利由监护人代为行使。政府制定该法的初衷是由父母为未成年人互联网隐私保驾护航，除美国《儿童在线隐私保护法》之外，"父母同意"原则还为欧盟《通用数据保护条例》和中国的《儿童个人信息网络保护规定》所借鉴，来保护未成年人互联网隐私。

一、美国《儿童在线隐私保护法》的立法内容及过程

美国是互联网的发源国，尤其在20世纪90年代时期，互联网发展迅猛，成为公民的基本生活方式。在互联网快速发展的同时，美国社会也面临着前所未有的挑战。据研究调查显示，20世纪90年代，美国有三分之二的儿童已经开始使用互联网[1]，而"这些儿童并不安全"，根据1995年CNN的报道，陌生人通过拨打900电话很容易就可以获取孩子的信息。不仅如此，CBS的记者仅仅用了一个声名狼藉的杀手的假名就获取了一系列儿童的姓名。[2] 儿童网络隐私的问题引起了整个社会的极大关注。

1998年美国联邦贸易委员会（Federal Trade Commission，简称FTC）通过对1402个网站调研发现，92%的网站会收集用户信息，只有一小部分网站会告诉用户他们的信息将如何被使用。随着儿童上网数量的不断增加，如何保护儿童的网络隐私摆在了立法者和互联网业界人士面前，经过商讨，1998年11月，美国国会通过了《儿童在线隐私保护法》（Children's

---

[1] HERTZEL, DOROTHY A. Don't Talk to Strangers: An Analysis of Government and Industry Efforts to Protect a Child's Privacy Online [J]. Federal Communications Law Journal, 2000: 430.

[2] FTC. Children's Online Privacy Protection Act（COPPA）[EB/OL].（2019-11-12）[2019-12-12]. https://epic.org/privacy/kids/.

Online Privacy Protection Act，简称COPPA）。

美国联邦贸易委员会为COPPA的主管机构，FTC成立于1914年，致力于保护消费者权益并保证国家市场有序竞争，繁荣、高效发展。FTC负责制定、修改COPPA，并对违法企业进行处罚。为了更好地让互联网企业遵守COPPA，FTC还出台了相关细则。

（一）立法内容

《儿童在线隐私保护法》于1998年通过，2000年正式开始实施。该法目的是规范商业网站通过互联网收集和使用13岁以下儿童的可识别信息。[①] FTC为主管部门。根据COPPA的早期规定，以儿童为受众的网站（现已变更[②]）向13岁以下儿童收集可识别个人信息必须：（1）在网站上通知他们收集信息的行为；（2）获得可验证[③]的父母许可：包括网站收集、使用和披露儿童的信息；（3）根据要求，提供给父母一方能够提前为儿童审阅个人信息的收集方案；（4）根据要求，提供给父母一方机会，停止使用或者维护已收集的个人信息；（5）出于在线游戏目的、奖励或者活动中合理的必要的需求对儿童信息进行有限的收集；（6）建立并维持合理的方法来保护信息的保密性、

---

① FTC.Children' Online Privacy Protection Rule, 16 C.F.R. ß 312.1 ［EB/OL］.（2013-01-17）［2019-12-12］. https://www.ecfr.gov/current/title-16/part-312.
② FTC.Children's Online Privacy Protection Rule: Not Just for Kids' Sites ［EB/OL］.（2013-04-17）［2019-12-12］. https://www.ftc.gov/tips-advice/business-center/guidance/childrens-online-privacy-protection-rule-not-just-kids-sites.
③ 根据COPPA要求，可验证是指：（1）提供有父母一方签字的同意表格并通过邮局或者传真给网站运营者；（2）要求父母一方在交易中有可使用的信用卡；（3）有父母一方的免费电话号码；（4）接收电子邮件以及电子签名。在以下几个情况下，网站运营者可以不需要获得父母同意：（1）为了符合本法规范或者获得父母同意而收集儿童姓名和在线联系信息的；（2）为了维护网站或者线上服务的完整性和安全性而不得不收集儿童信息的；（3）为了回应儿童的一次特殊需求，而收集儿童在线联系信息的；（4）为了保护儿童在线安全的。

安全性和个人信息的完整性。[①]

COPPA对相关概念给予了明确的界定：

运营商（operator）是指以营利为目的的、专门针对儿童的收集和存储信息的商业网站或者网络服务。

针对儿童的网站（directed at children）是指针对13岁以下儿童的网站，判断标准包括是否有儿童模特，是否有儿童熟悉的卡通人物，是否有儿童导向的角色和卡通形象等。

可验证的父母许可（verifiable parents consent）是指网站通过传真、邮局、免费电话等方式获得父母同意网站处理未成年子女信息的认证。

根据COPPA的规定，单个违法行为罚款上限为43280美元，会视具体情况而定，进行累积，罚款金额取决于违反的程度：运营商是否曾经违反过本法；涉及儿童的数量，以及个人信息被收集的数量；信息如何被使用，是否被分享给第三方以及公司的体量等。除了罚款之外，还包括删除存储信息、维护个人信息数据库、接受定期数据检查等惩罚。

（二）发展变化

随着技术的迅速发展，移动设备和社交媒体逐渐被未成年人所青睐，2013年COPPA进行了修改。COPPA根据儿童接入互联网方式发生的变化，对监管范围和监管内容进行了修改，并加强了父母对于儿童信息控制的权

[①] CHILDREN'S ONLINE PRIVACY PROTECTION RULE §312.3,（a）Provide notice on the Web site or online service of what information it collects from children, how it uses such information, and its disclosure practices for such information（§312.4（b））;（b）Obtain verifiable parental consent prior to any collection, use, and/or disclosure of personal information from children（§312.5）;（c）Provide a reasonable means for a parent to review the personal information collected from a child and to refuse to permit its further use or maintenance（§312.6）;（d）Not condition a child's participation in a game, the offering of a prize, or another activity on the child disclosing more personal information than is reasonably necessary to participate in such activity（§312.7）; and（e）Establish and maintain reasonable procedures to protect the confidentiality, security, and integrity of personal information collected from children（§312.8）.

利。监管范围增加至移动设备和社交网络。监管内容增加至儿童在线行为存储在云端的信息（cookies）以及地理定位、照片、视频和语音记录。2013年COPPA的修改主要体现了以下几个方面的变化：

1.是否专门针对儿童的网站标准发生变化

"专门针对儿童"是判定网站是否违反COPPA最基本的概念，并非所有网站都要接受COPPA的监管，只有专门针对儿童的网站才需要，评判标准也随着互联网的传播方式不断发生变化。

1998年设立之初的COPPA指出，directed at children 的网站是指以13岁以下儿童为受众的网站。判断标准为：网站是否设有专门的儿童区域；是否有视频、音频内容，模特的年龄，以及语言和其他相似的特征；是否使用了儿童导向的游戏、玩偶、动画角色或者其他活动。

2013年COPPA的修改，对于网站的范围进行了扩大，包括三个部分：（1）网站以13岁儿童为受众，并收集他们的个人信息；（2）网站或者服务是针对大众的，但是网站经营者实际知道其在收集13岁以下儿童的信息；（3）经营者运营第三方服务，如广告或者手机扩展应用程序，从网站的用户中收集信息或者直接针对13岁以下儿童进行服务。[1]

2019年3月，COPPA的原起草者参议院爱德华·马基（Edward J. Markey）拟对《儿童在线隐私保护法》进行修订，其中有一条修订将对运营者的"实际知道"（actual knowledge）的标准修订为"推定知道"（constructive knowledge），即对运营者提出了更高的注意义务。

2.关于儿童个人信息认定的变化

最初，COPPA认为儿童信息包括：姓名，住宅地址（包括街道或者城市名字），电子邮箱地址，电话号码，社保号码，任何可识别个人信息以及被网络运营商收集的其他能够确定孩子身份的信息。在2013年COPPA最新修改的标准，儿童信息范围扩大了，包括：姓名；住宅地址（包括街道或者城市名

---

[1] FTC.Children's Online Privacy Protection Rule: Not Just for Kids' Sites.［EB/OL］.（2013-04-17）［2019-12-12］. https://www.ftc.gov/tips-advice/business-center/guidance/childrens-online-privacy-protection-rule-not-just-kids-sites.

字);在线联系信息;用作在线联系的屏幕或用户名;社保账号;永久性识别信息,这种信息能够超越时间和不同的网站或者在线服务;包含孩子形象的照片、视频或者声频;能够确定街道或者城市、村庄名字的地理信息;以及被网络运营商收集的其他能够确定孩子身份的信息。

3. 审查范围不断扩大

COPPA适用的范围不仅局限于网站,还适用于手机应用软件、智能语音玩具以及在线服务(online service)。根据FTC的解释,在线服务包括任何可以通过互联网进行的服务,或者需要连接到互联网/局域网。在线服务允许用户玩网络游戏,进行网络社交,购买产品或者在线服务,接收广告信息或者与其他用户互动。连接互联网的应用程序、网络游戏平台、互联网语音协议服务,以及互联网定位服务都是COPPA监管的在线服务类型。①

2015年11月,因为对个人信息保护措施不当,中国香港玩具制造公司伟易达(Vtech)500多万用户的个人信息被黑客窃取。2018年1月,伟易达公司被FTC罚款65万美元。由于该公司制造的玩具需要搭配手机App,该App未明确告知家长将收集儿童信息且未获得家长同意,私自搜集大量儿童信息,还没有采取有效措施来保护搜集的信息。②除了罚款之外,伟易达公司还向FTC保证将遵守COPPA的规定,加强信息安全保护。该案是FTC第一起涉及智能玩具的案件。③

2019年3月,COPPA的原起草者之一爱德华·马基声称拟对COPPA进行新的修订,主要修改五方面的内容,除了前文提到的对运营者的"实际知道"的标准修订为"推定知道"外,还包括:扩展了原有立法的适用范围。禁止

---

① FTC. Complying with COPPA: Frequently Asked Questions[EB/OL].(2015-03-17)[2020-01-12]. https://www.ftc.gov/tips-advice/business-center/guidance/complying-coppa-frequently-asked-questions.

② FTC.Electronic Toy Maker Vtech Settles FTC Allegations That it Violated Children's Privacy Law and the FTC Act[EB/OL].(2018-01-08)[2020-01-12]. https://www.ftc.gov/news-events/press-releases/2018/01/electronic-toy-maker-vtech-settles-ftc-allegations-it-violated.

③ 沈达.美国FTC处罚首例联网玩具侵犯儿童隐私案解读及启示[J].信息通信技术与政策,2018(6):55.

互联网公司在未经儿童的父母同意的情况下从13岁以下的任何人处收集个人和位置信息，以及未经用户同意从13岁至15岁的任何人处收集个人和位置信息；禁止针对儿童（特指未满13岁）及未得到可验证同意的未成年人（特指13岁至15岁范围）推送定向广告营销；要求在FTC内部设置专门的青年隐私和营销部门，以加强未成年人的隐私保护和监管针对未成年人的营销；要求运营者解释在线收集的个人信息类型、信息的使用和披露方式以及信息收集政策；除在线隐私外，首次对硬件设备作出规定。

二、美国相关司法判例、审判思路及价值分析

COPPA施行20多年来，已经有33个违反COPPA的判例。本文摘选了2019年的FTC诉YouTube，该案创下了1.7亿美元的高额罚款，并让YouTube修改了整个网站的格式条款，对美国的互联网视频行业产生了重要影响。FTC诉Vtech，该案是FTC历史上首个对于智能语音玩具公司进行罚款的案件。以及FTC诉Musical.ly，该案罚款570万美元，创下了当时美国儿童隐私保护案件民事和解中最大的罚款金额[1]，之后被2019年的YouTube一案超越。这些判例对于中国未成年人互联网隐私保护有重要的实践价值和理论价值。本文将以相关判例的基本法律思路为基础，对三个判例的重点和特殊之处进行阐释。

（一）案件基本事实

1. FTC诉Google & YouTube

2019年9月，被告Google及其旗下网站YouTube被原告FTC罚款1.7亿美元，因为YouTube未经过儿童的父母同意就通过其网站搜集儿童的个人信息，

---

[1] FTC. Video Social Networking App Musical.ly Agrees to Settle FTC Allegations That it Violated Children's Privacy Law [EB/OL]. (2019-02-27) [2020-01-12]. https://www.ftc.gov/news-events/press-releases/2019/02/video-social-networking-app-musically-agrees-settle-ftc.

并利用cookies追踪儿童信息来定向投放广告，利用技术分析儿童心理，定向预测投送广告。该案的争议焦点是YouTube是否为针对儿童的网站，是否实际知晓自己的网站有大量儿童用户并收集儿童信息。

2. FTC诉Vtech

2018年，被告中国香港电子游戏玩具制造商伟易达公司因违反COPPA规定，利用游戏内置程序，收集3—9岁儿童语音、文字等信息，且没有获得未成年人家长的同意，同时并没有采取有效措施来保证这些信息的保密性、安全性和完整性。伟易达公司支付65万美元进行和解。该案的争议焦点是伟易达是否为COPPA所规定的运营商。

3. FTC诉Musical.ly

2019年2月，被告Musical.ly应用程序因为未获得可验证的父母同意而收集儿童信息，除邮箱地址、电话号码、用户名、真实姓名、简介和照片，还收集地理位置信息，并提供用户50米内的其他用户信息，且在家长要删除未成年人子女账号后，只关闭账号，没有删除账号内容，仍然可以被陌生人关注和浏览，Musical.ly被FTC罚款570万美元，在当时创下了COPPA通过以来民事和解案件罚款的最高数额，后来这个纪录被YouTube一案打破。

（二）基本审判思路

首先，判定被告是否为运营商，判定标准为：是否为网站或者网络服务提供者，是否盈利。

伟易达一案中，伟易达虽然是电子游戏玩具制造商，并非网站，但是FTC认为伟易达是专门生产3—9岁儿童的电子游戏的公司，通过贩售在线服务获利，贩售的电子产品为针对3—9岁儿童的电子学习产品（Electronic Learning Products，简称ELP），还开发了儿童学习网站，可以让用户下载专门为儿童提供的应用程序、游戏、图书和其他在线内容，因此，伟易达为网络服务提供者，符合COPPA中对于网络运营商的定义。该案是COPPA历史上首个对于语音玩具公司进行审查的案件，也是在此案件之后，COPPA进一步扩大了其审查范围。

其次，判断该网站是否为专门针对儿童的网站或者网络服务，其判定标准为，该网站的主要内容是否包括儿童所喜爱的内容，主要模特是否为儿童，音乐、电影、视频等是否为儿童所熟知的，是否对儿童有刺激等。同时，该运营商是否存在"实际知道"自己的网站专门针对未成年人。

在YouTube一案中，YouTube辩称自己是综合性网站，不是专门针对未成年人的网站，且不接收13岁以下儿童的注册。其次，YouTube认为自己是第三方平台，并不提供内容，不是频道主播（channel owners）。实际上，YouTube并不无辜。

首先，YouTube通过许诺频道"变现"，捆绑频道主播，要求主播向用户展示广告，主播和YouTube都能赚钱。YouTube收集频道用户的cookies信息或者移动广告识别信息来追踪用户在线活动并向用户推送量身定做符合用户兴趣的广告（behavior targeting advertising）。2016年YouTube允许频道所有者关闭默认的定向推送，但是会提示"（关闭定向广告推送）将会大大减少视频收入"。一旦关闭，YouTube发送个人化广告（contextual advertising），会减少YouTube和频道拥有者的收入。不仅如此，即便用户离开了YouTube，用户仍然会在其他网页上看到YouTube推送的广告，YouTube仍会盈利。

其次，YouTube实际知晓自己的网站有大量未成年人，且未经其家长允许就收集未成年人信息。一是YouTube在儿童知名品牌和产品中排行第一。二是YouTube对13岁以下未成年人进行了分级，并会在某些视频上分类为"专为儿童制作"（Made for Kids）。三是YouTube开设了另一个应用程序"YouTube kid"，目标群体为2—12岁未成年人，并推送个性定制类广告。四是YouTube上有数不清的专门针对儿童的频道，专门设计13岁以下儿童喜欢的形象来吸引儿童观看内容。对于是否专门针对儿童的网站或者服务，不再是简单地由网站自我定位，而是根据其实际内容来判定。COPPA的起草者声称将对COPPA进行修改，将"实际知道"变为"推定知道"，虽然现在具体标准尚未制定，但是根据"推定知道"的定义，即法律推定某人应当知道某事，无论他实际是否知道，比起"实际知道"，法律对于网络服务提供者，提出了更高的要求。

再次，是否经过可验证的父母同意。可验证的父母同意的前提是：是否有一个明确的、可理解的、完整的隐私保护条款，并置于网页显著的位置。隐私保护条款内容包含COPPA要求内容，包括未成年人的哪些信息被收集，如何使用信息，信息披露等。在有了隐私保护条款之后，网站还需要获得可验证的父母同意，方法为传真、电话会议、邮寄等。之后网站就可以收集13岁以下儿童信息，但是，要对这些信息进行非常严格的保护，保证其保密性、安全性、完整性，同时不能超过在隐私声明中的使用期限，一旦在收集后，父母要求删除孩子的信息，网站有义务删除相关信息。

在伟易达一案中，伟易达虽然有自己的隐私政策，但是没有容易理解的、完整的通知来告知未成年人的父母其对信息的收集及使用情况，也缺乏COPPA要求的如伟易达的地址及电子邮箱，允许父母查看和删除孩子信息的要求等内容。在收集儿童信息上，伟易达收集了家长姓名、地理位置、邮箱地址、密码及追回密码的问题和答案、自己孩子的姓名、出生日期、性别、儿童文字信息（单人或群组）、语音信息、图片或者贴图。伟易达对于收集的信息并没有进行加密保护，导致2015年爆发大规模的黑客通过伟易达内置软件儿童联通（Kid Connect）和星球V技术（Planet V-Tech）盗取用户信息事件的发生，由于父母信息与未成年子女的信息是关联的，黑客很容易获取未成年子女的实际地理位置信息。

在Musical.ly一案中，Musical.ly并没有提供清晰的、容易理解的、完整的隐私保护条款。Musical.ly收集了未成年人的邮箱地址、电话号码、用户名、真实姓名、简介和照片，2015—2016年，Musical.ly还收集地理位置信息，并提供用户50米内的其他用户信息。而且，用户的账号是无法自行删除的，需要发送邮件到Musical.ly公司。2016年超过300多个家长投诉，要求公司删除自己孩子的账号，但是Musical.ly只是关闭了账号，并没删除账号内容。账号初始设置为公共的，即便设置成了私人账号，其他人仍然可以浏览用户的用户名、照片和简历，可以接收陌生人的消息，可以被搜索到。该案的和解金额为570万美元，创下当时自COPPA诞生以来最高的罚款金额，该案被认为是COPPA执法计划的里程碑一案，"用来警示以牺牲未成年人隐私为代价寻求高速发展的公司"。

（三）价值分析

根据近年的典型案例，可以看到，COPPA对于儿童信息的内容、收集方式、使用期限、安全都进行了保护，FTC对于未成年人互联网隐私保护的不断加强。处罚金额从几万美元到上亿美元，FTC处罚力度的不断加大，从专门针对儿童的网站和应用程序到智能语音游戏公司，再到综合性网站，可以看到FTC对于未成年人隐私保护的范围不断扩大。

值得注意的是，从Vtech案到YouTube案，都体现了随着大数据等技术的发展，智能传播时代的来临，利用技术手段以一种更为隐蔽的方式去收集和操控儿童个人信息的可能。互联网公司偷偷收集未成年人数据，进行心理分析、预测在现实中哪些内容最能打动用户，推送哪些广告最能令用户接受，当这些手段被用在毫无抵抗力的儿童身上的时候，儿童在浑然不知的情况下就被收集了个人信息，又在毫无知晓的情况下被Google和YouTube推送了各种广告，这种盈利模式更为精准，更具操控性，危害性也更大。法律如何来堵住这个漏洞，如何制止利用技术手段来收集未成年人信息，是未来智慧传播互联网环境下不得不面对的问题，YouTube案的成功是对未成年人互联网隐私保护的一个重要进步。该案致使YouTube改变视频上传的规则，要求用户标注视频内容是否针对儿童，不仅如此，YouTube还会利用电子系统二次进行检测并对视频进行内容标注。一旦被标注为专门针对儿童的内容，YouTube的一些功能将无法使用，如视频无法评论，个性化广告无法推送，没有信息卡片和片尾画面等功能。观看者无法保存到稍后观看或保存到播放列表。

作为全球排名第一的视频网站，YouTube的变化直接影响了整个互联网视频行业的发展。最终Google和YouTube支付1.7亿美元和解，并承诺将升级、维护系统，允许频道主播确认他们的内容是否专门为儿童提供，保证他们能够遵守COPPA。不仅如此，Google和YouTube将严肃提醒频道主播专门针对儿童的内容必须遵守COPPA的法律规定，并每年为员工提供培训如何遵守COPPA。FTC还要求Google和YouTube向用户提供之后保护未成年人个人隐私的新型实践并确保在收集13岁以下儿童信息之前获得父母可验证同意。

应当注意的是，虽然本次罚款创造了COPPA通过以来的最高罚款，但是仍然为人所诟病，因为无论是Google还是YouTube，1.7亿美元对于他们的收入来说，仅仅是九牛一毛。美国有诸如Facebook、Google、YouTube这样的网络巨鳄，这些公司近年来也深陷用户信息泄露丑闻，罚款金额上也是屡创新高，但是即便如此，也不能令民众满意，甚至连COOPA的起草者马基也公开认为本案的罚款数额过低，甚至公开指责FTC"遗忘了未成年人的利益"。马基认为应该对Google进行巨额（colossal）罚款，才能罪刑相当，才能让Google明显地改善他们的商业模式。他指出，FTC应当要求Google删除所有13岁以下儿童的信息，并由第三方进行检测，确保Google将儿童利益放在首位。美国将儿童利益置于非常崇高的位置，甚至高过互联网巨鳄的利益。本次FTC的罚款并非偏袒Google和YouTube，而是根据COPPA的法律依据，罚款方式是按次罚款，每收集、使用、披露一次信息就被罚款42530美元。但是对于互联网巨鳄来说，这些罚款金额真的是九牛一毛。美国可以学习欧盟2018年通过的《通用数据保护条例》，罚款金额根据被告一段时期内的营业额来决定。在本案件中，对于Google和YouTube来说，罚款金额只能起到一个敲响警钟的作用，并不能达到惩罚的目的。

"父母同意"原则是监护人代替未成年子女行使是否同意个人信息被收集、使用的权利，其目的是通过父母来保护未成年子女的隐私，虽然该原则为很多国家和地区所借鉴，但是仍然有很多局限性。一是形成"同意疲劳"，最终形同虚设。COPPA要求所有针对13岁以下儿童的网站都要可验证的父母同意，13岁以下的未成年人家长面临着大量的同意请求，很容易产生"同意疲劳"，有的甚至与未成年子女联合谎报年龄，躲避审查，让"父母同意"形同虚设。二是"超龄"未成年人的隐私信息如何处理。COPPA的标准是13岁以下的未成年人的信息受到保护，那么14岁以上的未成年人的隐私如何保护？COPPA曾多次试图调高保护年龄，但是由于涉嫌侵犯14岁以上未成年人的表达自由，一直没有成功。COPPA于1998年通过，已经过去了20年，传播技术发生了颠覆性的变革，侵权手段也在更新，但是保护年龄的问题却一直没有解决。三是越来越虚弱的"父母同意"。随着现代科技的发展，海量信息富集到了网络平台上，即便进行了可验证的父母同意，父母也无法亲自控制未成年子女信息的真实使用情况。所以，"父母同意"原则不再像20世纪90年代末互联网刚刚普及的时候，起到足够的保护作用。对此，欧盟也在"父母同意"的基础上不断改进和发展。

三、欧盟相关立法

欧盟是世界上最早对个人信息进行保护的地区，早在1995年，欧盟通过了《关于保护个人数据和此类数据的自由流动的指令，95/46/EC》(Directive 95/46/EC on the protection of individuals with regard to the processing of personal data (PII (US)) and on the free movement of such data，以下简称《数据保护指令》)。2018年欧盟《通用数据保护条例》(General Data Protection Regulation，简称GDPR) 正式实施，GDPR也学习了COPPA中的"父母同意"原则，并在COPPA的基础上进一步发展了"父母同意"原则。

（一）《数据保护指令》的主要内容

《数据保护指令》指出了个人数据保护是立法的核心内容，确立了合法、终极、透明、合适、保密和安全及监控原则[1]，目的旨在提供数据保护最低限度的制度基础上促成数据的自由流通[2]，这些原则也成为世界其他国家在个人数据立法时所遵循的基本原则。但是《数据保护指令》并没有区分成年人与未成年人，对欧盟所有公民做出一视同仁的规定。虽然《数据保护指令》并没有明确提出对于未成年人信息的处理要求，但是其中的一些条款对于公民基本数据收集提出了要求，这些要求也在之后未成年人互联网信息保护中成为基本准则。

由于个人数据被处理的过程并不会公之于众，未成年人以及其他数据主

---

[1] 郭瑜.个人数据保护法研究[M].北京：北京大学出版社，2012：250.
[2] 周汉华.个人信息保护前沿问题研究[M].北京：法律出版社，2006：32.

体，并不知晓他们的个人数据被处理了。为了防止未成年人这种脆弱的数据主体受到伤害，欧盟法律保证儿童得到特殊的保护，比如被告知他们的个人数据被收集，允许他们接近存储的数据，了解数据将被怎样处理，反对不合法的数据处理的权利，以及修正、消除和禁止数据传播的权利。根据《数据保护指令》第10款和第11款的要求，数据控制者必须在处理数据时提供足够的信息，以一种儿童能够理解的语言，告知儿童他们的数据即将被处理。告知信息中必须包括处理目的以及数据控制者的身份和联系方式等细节。[①]《数据保护指令》要求数据主体同意，不论是否是敏感数据，数据控制者应当考虑到儿童的特殊性，首先要获得其父母一方的同意，才能对其数据进行处理。数据主体有权删除他的数据，即其可以提出从数据控制者的服务器中移除或者删除个人数据，以及反对处理数据的权利。

（二）《通用数据保护条例》的主要内容

随着技术的发展，《数据保护指令》的很多内容亟待更新，面对数字技术的不断挑战，欧盟在《数据保护指令》的基础上进行了大刀阔斧的改革，全面提升了对个人信息的保护，于2016年正式通过《通用数据保护条例》，GDPR于2018年5月正式生效，该法被称为"史上最严格的个人信息保护法"，GDPR对未成年人个人信息保护提出了诸多规定。前文提到，隐私和个人信息的区别和联系，个人信息并非全部是隐私，隐私涵盖的是个人信息中私密的部分，包括敏感信息。GDPR规定对儿童信息（16岁以下未成年人）给予特殊的保护。

GDPR保留和发展了《数据保护指令》为数据主体提供的权利和核心原则。GDPR还增加了新的内容。针对《数据保护指令》虽然公布了基本原则，但是对于未成年人数据没有专门保护的问题，GDPR提出了专门针对儿

[①] THE EUROPEAN PARLIAMENT AND OF THE COUNCIL.Directive 95/46/EC Of The European Paliament and the council of 24 October 1995 on the protection of individuals with regard to the processing of personal data and on the free movement of such data［EB/OL］.（1995-11-23）［2020-01-12］.https://eur-lex.europa.eu/legalcontent/EN/TXT/PDF/?uri=CELEX:31995L0046&from=EN.

童数据保护的内容。绪论中解释了对儿童互联网数据特殊保护的原因，即儿童很少会意识到个人数据泄露的风险和结果。所以，以营销或者创建用户资料为目的收集儿童数据的，需要对儿童进行特殊的保护，即需要征得儿童父母一方的同意。但是有些特殊情况除外，即保护预防性和咨询辅导性的服务可以直接与儿童进行联系。并对儿童数据的处理提出了特殊要求，如在设置网络隐私条款的时候，一旦涉及儿童的数据，要以儿童能够听懂的、简洁的、清晰的语言解释来增加透明度，以及儿童有要求数据控制者删除自己数据的权利。

在正文部分第6条处理的合法性第1款（f），要求数据控制者在处理数据时，注重儿童权利的优先性和基本权利和自由。第8条的信息社会服务中适用儿童同意的条件，提出了儿童不满16周岁时，只有儿童父母的同意和授权，才能对儿童数据进行处理。成员国可以根据本国实际设定年龄，但不得小于13岁。第12条保证数据主体行使权力，第1款要求数据控制者应当以一种简洁（concise）、透明（transparent）、易懂（intelligible）和容易获取（easily accessible）的形式，以清晰（clear）和平白（plain）的语言提供，尤其针对儿童的所有信息。第40条行为准则第2款（g）要求提供给儿童和保护儿童的信息要提前获得儿童监护人的同意。第57条第1款（b）对于儿童的活动要保持高度重视。新增了"儿童数据被遗忘权""监护人同意制度"等内容，"监护人同意原则"是自欧盟开始保护未成年人互联网数据以来，首次采用这种形式来保护未成年人网络数据。GDPR对儿童个人数据保护的规定更加翔实，体现了对儿童个人数据权利保护和个人表达自由双重价值的尊重，以及对"儿童利益最大化"原则和"儿童友好"原则的重视。

（三）《通用数据保护条例》中的"父母同意"原则

GDPR第8条规定，年龄低于16岁儿童的个人数据用于提供在线服务时，须首先获得其父母的同意。GDPR同样将"父母同意"原则作为基本原则来保护未成年人的隐私信息，但是与COPPA不同的有如下几点：

一是GDPR将年龄提升到了16岁，成员国可以在13—16岁之间选择年龄范围，"父母同意"的保护范围扩大。与COPPA一样，受保护的未成年人年龄问题引发了大量争议。欧盟在进行调查和评估中发现，将受保护的年龄定在13岁，既有利于商业网络发展，又能平衡儿童隐私保护，所以欧盟将基本年龄"门槛"定在13岁以上。在GDPR的最初版，保护的年龄为18岁以下，但是后来在商讨中，为了保证法律的正常实施，才将年龄定为16岁以下，成员国不得小于13岁。

二是除了父母，其他人也能同意。尽管COPPA以"父母同意"为基本原则，但是如果未成年人的父母去世，谁可以继续充当"防火墙"呢？GDPR采用的词为"监护权持有人"，在实际应用中，一些国家将范围扩大了。如爱尔兰的隐私权法中允许数据主体的祖父母、叔叔、阿姨、兄弟或者姐妹代为行使权利。① 马耳他的数据保护法中允许除了父母之外的其他与孩子相关的亲属来代替孩子行使数据处理权利，只要这个数据处理符合儿童利益最大化原则。② 实际上，在美国，也有相关案例，即在教育的环境下，学校可以代替家长，在学校范围内使用和收集学生的个人信息，而非为了商业目的。③

---

① Data Protection Act 1988（updated 14 October 2014）Article 2A states:（1）Personal data shall not be processed by a data controller unless［...］at least one of the following conditions is met:（a）the data subject has given his or her consent to the processing or, if the data subject, by reason of his or her physical or mental incapacity or age, is or is likely to be unable to appreciate the nature and effect of such consent, it is given by a parent or guardian or a grandparent, uncle, aunt, brother or sister of the data subject and the giving of such consent is not prohibited by law.

② Subsidiary legislation 440.04 Processing of personal data（protection of minors）regulations, 12 March 2004.（the law states: 2.（1）Where any information is derived by any teacher, member of a school administration, or any other person acting in loco parentis or in a professional capacity in relation to a minor, such information may be processed by any of the aforesaid persons if such processing is in the best interest of the minor.（2）Where personal data is being processed as aforesaid, the consent by the parents or other legal guardian of the minor shall not be required if this may be prejudicial to the best interest of the minor.（3）In such a case, no parent or other legal guardian of the minor shall have access to any personal data held in relation to such minor.）

③ FTC.A Guide for Business and Parents and Small Entity Compliance Guide［EB/OL］.（2015-03-20）［2020-01-12］.https://www.ftc.gov/tips-advice/business-center/guidance/complying-coppa-frequently-asked-questions.

三是没有明确界定如何实现"父母同意"。COPPA 中对于父母同意的要求为"可验证的父母同意"（verifiable parental consent），即网络服务运营者必须在收集儿童数据之前，用包括但不限于邮寄、付费电话、信用卡号、视频会议等方式获得父母一方的同意。[1]在 GDRP 中针对儿童数据处理的在第 8 条第 2 款，如果要收集 16 岁以下儿童的数据，数据控制者必须要获得父母一方的同意。而"同意"在第 4 条（11）意为数据主体能够自由（freely）、具体地（specific）、充分知晓地（informed）、不含糊地（unambiguous）表达同意。GDPR 并没有明确提出两点，即数据处理者如何获得 16 岁以下未成年人父母同意；没有对"父母同意"进行一个明确的解释。

四是 GDPR 没有对运营商类别进行界定。GDPR 第 8 条中指出，直接针对儿童提供数据信息服务的网站（offer of information society services directly to a child）需要获得 16 岁以上未成年人的父母同意。但是没有对"针对儿童提供数据信息服务"进行界定。如此便会产生一个问题，即如 Facebook、Instagram 这种社交媒体网站，虽然宣称其受众不是儿童，但是仍然在儿童中非常流行，这种网站是否也应当遵守 GDPR 的儿童隐私保护内容？美国并非要求所有网站都遵守 COPPA，只是要求"专门针对儿童"且盈利的网站遵守，主要有两个标准：一是网站的主要服务，视觉内容，卡通形象或者以儿童为主体的活动和刺激，音乐或者其他音频内容，模特的年龄，儿童明星或者专门针对儿童的名人，语言或者网站的形象或者广告促销服务是专门针对儿童的；二是运营商是否明确知晓自己的网站在收集、使用、泄露未成年人的数据。GDPR 并非专门的保护未成年人隐私的法律，通过时间不久，这部分内容确实非常含糊，也受到了很多学者批评。

虽然与 COPPA 的"父母同意"原则有所不同，但是 GDPR 的确发展了"父母同意"原则，主要表现在三个方面：

---

[1] COPPA 312.5（a）（1）Parental consent. An operator is required to obtain verifiable parental consent before any collection, use, or disclosure of personal information from children, including consent to any material change in the collection, use, or disclosure practices to which the parent has previously consented.

一是惩罚金额。在惩罚金额上，GDPR相较于COPPA要严格得多，根据GDPR第83条（4）（5）两款的规定，一般性的惩罚为不高于1000万欧元的罚款或者该公司上一财年全球营业额的2%，两者取其高者罚款。如果严重违反了GDPR，则不高于2000万欧元的罚款或者该公司上一财年全球营业额的4%，两者取其高者罚款。[①]就欧盟目前发布的案例来看，专门针对未成年人网络数据收集的相关案例几乎没有，但是，GDPR对于Facebook、Instagram、Google等互联网巨鳄就欧盟公民数据保护都开出了上亿欧元的罚单[②]。而COPPA则是按次罚款，违反COPPA一次，则罚款上限为42530美元，大部分公司都多次违反COPPA收集未成年人数据，所以这个数字会不断累积。法院会根据多个因素来判定罚款金额，如违反程度，之前运营商是否违反过COPPA，涉及的未成年人数量，个人数据收集的数量和类型，数据如何使用，是否被分享给第三方，以及公司的规模等。2019年COPPA给Google和YouTube开出了1.7亿美元的罚单，这已经是COPPA历史上最高的罚单了，但是仍有议员认为罚款金额太低，不能起到警示作用。在罚款金额上看，GDPR相较于COPPA更有力度，惩罚性更强。

二是由父母责任逐渐向数据控制者转移。前文提到由于个人信息掌握在网络平台及数据控制者的手中，致使"父母同意"的作用逐步减轻。父母没有能力掌控自己的未成年子女隐私信息如何被使用。GDPR考虑到这种情况，在父母"同意原则"的同时，GDPR第6.1（f）条还规定了数据控制者的正当利益作为合法处理个人数据的依据时受到儿童优先性利益的限制。当数据主体是儿童时，很有可能儿童的利益或权利自由超越了数据控制者的正当利益，尽管如此，数据控制者的正当利益仍然可以被其援引为处理儿童个人数据的合法依据，但是利益权衡的评估过程应当被记录在案。而且，即使

[①] GDPR. Fines/Penalties［EB/OL］.（2018-05-23）［2020-01-12］.https://gdpr-info.eu/issues/fines-penalties/.

[②] KEANE S.GDPR: Google and Facebook face up to $9.3B in fines on first day of new privacy law［EB/OL］.（2018-05-25）［2020-01-12］.https://www.cnet.com/news/gdpr-google-and-facebook-face-up-to-9-3-billion-in-fines-on-first-day-of-new-privacy-law/.

得到了父母同意，GDPR 也并不鼓励对儿童进行用户画像、定向广告推送、地理位置获取等服务，再次强调了数据控制主体作为保护未成年人互联网隐私的重要责任。

三是赋予儿童更多权利。GDPR 和 COPPA 都赋予了未成年人知晓个人数据用途的权利，个人数据受到保护的权利，删除个人数据的权利等。GDPR 还赋予了未成年人被遗忘的权利（right to be forgotten）。在某些欧盟成员国，如果数据是在未成年时被收集的，在成年后，仍然可以要求数据控制者删除该内容，延长了被遗忘权的时间。虽然 COPPA 中没有规定被遗忘权，但是美国加州的"橡皮擦"法案，是对欧盟被遗忘权的一种模仿，该法初衷也希望能够授予未成年人被遗忘的权利。但是该法至今没有在全美通过。

GDPR 也没有解决 COPPA 面临的两个问题：一是如何确定年龄真假。前文提到了为了防止"同意疲劳"，父母帮助未成年人年龄造假问题；二是如何处理"超龄"未成年人的隐私数据？同样地，欧盟16岁以上的未成年人的数据如何保护？这个问题尚没有定论。由于 GDPR 通过时间短，所以还没有关于未成年人互联网隐私的司法判例。

"父母同意"原则作为未成年人互联网隐私保护的基本原则，为其他国家未成年人互联网隐私保护立法设立了基本框架。综合美国和欧盟的司法实践可以看到在立法时应当明确基本范围，如美国 COPPA 对于直接针对儿童的网站，和可验证的父母同意等明确的界定以及数据控制者与父母同样具有保护未成年人互联网隐私的责任和义务。

第二节　以"被遗忘"为核心的保护原则

被遗忘权是指任何公民有权要求搜索引擎等网站删除关于自己的负面信息或者过时的身份咨询搜索结果。为了更好地保护未成年人，欧盟和美国都赋予了未成年人被遗忘的权利，与欧盟不同的是，美国倾向于保证公民的表达自由，而选择了允许未成年人"擦除"自己不适宜的信息的权利，其本质都是允许未成年人删除自己的负面信息，给予未成年人修正错误的机会。

一、欧盟及其成员国的"被遗忘"相关立法

"被遗忘权"的概念最早源自法国刑法，即罪犯刑满释放一段时间之后，可以要求将自己的犯罪档案封存起来，不为他人知晓。法国法律中认为"被遗忘权"是保护公民人格权的一种表现，因为没有人会不犯错，需要第二次机会。而对现代人来说，只要进入互联网，就一定会留下"痕迹"，难保一些不好的记录，多年之后仍然被搜索到，为了保证网络公民的人格权利，给予网络公民改过自新的机会，自1995年开始，欧盟不断推进"被遗忘权"立法。

1989年，法国学者首次将被遗忘权与互联网隐私结合到一起，之后，欧盟于1995年颁布了《关于保护个人数据和此类数据的自由流动的指令，95/46/EC》，该指令虽然没有规定被遗忘权，但其中的目的性限制原则（第6条）、删除权（第12条b）等条文，成为探讨被遗忘权的源头。2012年，欧洲议会和欧盟理事会公布了《关于涉及个人数据处理的个人保护以及此类数据自由流动的第2012/72、73号草案》，其中包含了被遗忘权。2014年，欧盟法院在 Google Spain SL and Google Inc. 诉 Agencia Espanola de Proteccion de Datos（AEPD）and Mario Costeja Gonzalez 一案中的判决对《数据保护指令》进行了扩展性解释，以确认信息主体享有被遗忘权，法院认为："数据主体可以要求搜索引擎删除那些不完整的、没必要、不再相关的、多余的数据。"其中包括儿童。2016年4月，欧洲议会和欧盟理事会通过了《欧盟议会和欧盟理事会2016/678号2016年4月27日关于保护自然人处理个人数据和此类信息的自由流动，以取代95/46/EC指令的条例》，其第17条首次明确以立法形式规定了被遗忘权。

GDPR原文将第17条称为被遗忘权，该条包含了删除权和被遗忘权两种

权利。在2014年欧盟首个案例的基础上作了进一步的阐释。第17条不仅在第1款规定了数据主体可以在某种情况下要求数据控制者删除自己的数据①，同时在第2款还规定只要数据主体提出被遗忘的要求，数据控制者必须在不会造成延误的情况下删除数据主体的个人信息，同时停止与第三方的分享。已公开的数据必须在考虑技术和成本的基础上，采用合理的方法，将删除的要求发送给其他处理该数据的第三方控制者，确保其删除所有数据副本和相关链接。成人或者儿童都可以要求数据控制者删除他们的信息，无论之前的保存和使用是否符合GDPR的规定，都可以根据其意愿进行删除。

前文讲到"被遗忘权"的概念最早源自法国，法国在被遗忘权的发展方面要快于其他国家，法国甚至提出了"逝后遗忘权"，即公民死后被遗忘的权利。早在2016年10月7日，法国1321号《数字共和国法》（Digital Republic Law）生效，但是在GDPR生效后，2018年6月22日该法又进行了修改，于同年8月17日生效。该法第63条第2款对一种新的隐私权进行了规定，即数据主体去世后，其数据将被如何使用和披露，这就是"逝后隐私权"（post-mortem right to privacy）②由此而生。该法允许数据主体在生前对死后自己数据的保存、删除和传播建立意愿。这些意愿将会被独立可信赖的第三方数据管理机构登记，将由法国国家委员会托管。所有的在线服务提供商都要提醒用户，一旦他们去世，他们的数据将会怎样被处理，允许用户选择是否允许他们的数据被转移到第三方机构。如果用户主体没有提出意愿，则由数据主体的继承人继承其数据和账号，来决定数据的去留。虽然这条规定是针对所有公民的，尚未分别未成年人和成年人，但是显示出了法国对于逝者数据权的尊重。

---

① 数据主体在下列情况下可以要求删除或清除个人数据：出于收集或处理数据的目的，有关信息已经非必要；数据主体撤回了处理数据的同意，且没有其他处理该数据的依据；数据主体依法反对有关处理；相关数据被非法处理；为遵守欧盟或成员国法律必须进行删除的数据；收集的数据与向儿童提供信息社会服务有关。有三个例外：一是企业或组织因言论自由而持有的个人数据；为遵守某项法定义务；为公共利益而持有数据。

② 黄忠.隐私是阻碍网络虚拟财产继承的理由吗［J］.财经法学，2019（4）：62.

另一个是对于未成年人的"被遗忘权"的延伸。该法第63条规定，如果数据主体虽是成年人，但是其数据收集时仍为未成年人，则该数据主体可以要求删除其个人数据。这一条规定尤其在互联网环境下适用。但是删除的权利并非绝对，有一定限制，即不能违反表达和数据自由及其他法律规范。一旦数据被提供给第三方数据处理者，原数据处理者收到删除数据的请求，必须提供合理的措施，包括技术措施，通知第三方数据处理者。该法规定此仅为提供合理关心，而非必要的义务。①

二、美国"橡皮擦"法案与儿童"防追踪"法

与欧盟不同，美国并不使用"被遗忘"的法律概念，美国将表达自由视为最基本的自由，隐私权保护也不能与表达自由相抵触，所以当2014年欧盟开始研究"被遗忘权"的时候，美国并不认可这个理念，有的学者甚至认为设立"被遗忘权"会引发"寒蝉效应"。但是涉及未成年人网络隐私时，美国提出了与"被遗忘权"概念非常相近的"橡皮擦"概念，即未成年人可以要求网络平台"擦除"自己年少无知时发布的内容，给予未成年人修正错误的机会。

在COPPA的基础上，为了更好地保护未成年人，2015年美国加利福尼亚通过了"橡皮擦"法案即568号法案（SB 568），未成年人有权要求网络服务商删除其在网络上发布过的个人信息，也就是"擦除"网络痕迹的权利，该法为未成年人设置了一个橡皮按钮（eraser button），因而被称为"橡皮擦"法案。

该法主要包括两个部分内容：第一部分是广告法案，禁止特殊商品向未成年人推送广告，包括酒精饮料、枪械、弹药、手枪安全证书、损毁财产的油漆器物、蚀刻霜、香烟等19项。第二部分就是"橡皮擦"法案，旨在帮助

---

① RICHARD A.GDPR: France updates data protection laws［EB/OL］.（2018-06-28）［2020-01-12］.https://www.pinsentmasons.com/out-law/analysis/gdpr-france-data-protection-laws-.

未成年人删除他们的在线踪迹。由于COPPA只保护13岁以下的未成年人，因而长期被学者批评，而"橡皮擦"法案试图弥补这个空白，该法拓展了保护对象的年龄，规定18岁以下未成年人都在保护范围之内。该法也弥补了科技发展过快而国会立法滞后的现实，以便更好地保护未成年人。该法要求专门针对儿童的网络服务运营商（包括网站、在线服务、电脑及手机应用程序）明确知晓未成年人正在使用该网站、在线服务、电脑及手机应用程序，应当遵守如下要求：（1）允许未成年人自行删除或者要求删除发布在运营商网站上的信息；（2）告知未成年人他们有权删除或者要求删除一些内容；（3）提供清晰的删除流程；（4）通知未成年人：无法保证完整删除所有上传内容。并提出了监护人监督和网络服务运营商合理审查的双重保险，来保证未成年人能够更好地保护个人隐私。

由于美国和欧洲在人权价值取向的选择不同，欧洲更加珍视隐私权，而美国更加珍视表达自由，所以欧洲的"被遗忘权"虽然在欧盟各国引发了大量的讨论，产生了大量判例，但是美国法院则认为被遗忘权会导致"寒蝉效应"，可能会侵犯公民表达自由，所以在美国虽然也有大量的讨论，但是并没有在司法判例中体现出来。本次的"橡皮擦"法案，则是专门针对未成年人的"被遗忘权"，未成年人有权利选择让自己在社交媒体中被遗忘，可以看到加州政府对于保护未成年人的努力。

不可避免地，"橡皮擦"法案也面临着侵犯公民表达自由、违宪等争议，不仅如此，该法的具体实践存在着难度。但是"橡皮擦"法案的推出，确实为美国未成年人互联网隐私保护开辟了一条新的路径，具有重要价值。其实早在2013年，FTC就在COPPA的基础之上推出了《儿童防追踪法》（Do Not Track Kids Act），核心内容也是要求运营商增加一个按钮，可以让未成年人自由删掉自己已经公开的信息，可以选择是否接收商业广告，以及允许个人信息被收集，限制商业公司收集和保存信息的数量等。该法将保护年龄从COPPA的13岁修改到了15岁，但是至今，FTC尚未给出明确的解释。该法也引发了大量争议，有学者认为该法存在违反宪法第一修正案的嫌疑，最后不了了之。

这两部法律的实质都是给予未成年人"被遗忘"的权利，看上去很美，但是实际上很难真正实现。前文多次提到，互联网的本质在于共享，其在传播速度和保存时间上都超越了人类的极限。一旦未成年人的信息被发送到互联网上，在极短的时间内，就可以传递到地球的另一端。该法案要求网络服务运营商删除儿童要求删除的内容，一旦不删除，那么网络服务运营商要承担责任，如果他人下载了该信息，再进行二次传播，是否要承担责任呢？法律中没有给出答案。如果被他人下载到了自己的硬盘里，是否要承担责任？如果发生病毒性传播，无法删除，该怎么办？欧盟的GDPR相较于"橡皮擦"法案思考得更为深入，也为保护未成年人"被遗忘权"的司法实践提供了依据，但是也没有解决存入硬盘和重新上传的问题。

对于"橡皮擦"法案来说，该法只约束加州境内的权利义务主体，而且未成年人只能要求网络服务运营商删除信息，而不能要求他人删除不雅信息，在其他州流传的未成年人不雅信息该如何起诉？这些问题都没有考虑到，只是仿照"被遗忘权"和COPPA的框架搭建了这样一个法案。就GDPR来看，GDPR显然要比"橡皮擦"法案监管的范围要广阔得多，GDPR规定所有处理欧盟居民数据的数据控制者，都必须遵守GDPR，因此，GDPR不以现实属地为管辖范围，而以实际数据控制者为管辖范围，完美地解决了这个问题。另外，"橡皮擦"法案没有界定两个关键性问题：一是对未成年人要求删除的内容进行限定，二是对网站进行限定。该法只是笼统地提出要求网络服务运营商删除未成年人要求的内容，是否未成年人要求的所有内容都可以删除？欧洲"被遗忘权"对于信息的限定是"过时的""负面的"个人信息，如果未成年人对他人造成伤害的信息，是否也可以删除？对网站的限定方面，该法只规定了专门针对儿童的网站或者网站实际知晓有一个未成年人用户（has actual knowledge that a minor is using its Internet Web site），都要遵守该法，这样就增加了网站的负担，GDPR进一步扩大到数据控制者，不单单是搜索引擎，而是所有网站，但是GDPR允许成年人和未成年人都享有"被遗忘权"，而美国只允许未成年人享有"擦除"的权利。所以，是否需要对网络平台的类别进行限定？

"被遗忘"在保护未成年人隐私的同时，是否也将未成年人置于危险之中？政府应当承担保护未成年人的责任和义务，但是在保护未成年人的同时，也要让他们知晓在网络上传播不雅信息所带来的危害，这样才能让他们清楚危险的存在，而不是"依仗自己是未成年人在法律的庇佑下为所欲为"。"被遗忘权"的授予从初衷上看，是非常有利于儿童权益的，但是这种权利需要在一定的范围之内，防止权力的滥用，也防止未成年人降低对于真实网络世界风险的警惕。

第三节　平衡未成年子女隐私权与父母威权冲突的保护措施

前文提到了"父母同意"原则为核心的立法原则构成了保护未成年人互联网隐私的法律基础框架。由于未成年人本身的脆弱性，其隐私权的保护需要由父母来代为行使。那么问题就出现了，父母与未成年子女之间的隐私利益并不总是一致的，法律到底是在保护谁的隐私？以COPPA为例，虽然COPPA明确规定了"父母同意"这一要求的初衷是为了由父母代替政府和社会去更好地保护13岁以下儿童的个人隐私。COPPA的前提是"家长同意"，默认了家长与儿童的隐私利益是一致的，但是在实际操作中，有时候家长与儿童的隐私利益并不是一致的，甚至是相悖的。COPPA保护的不是单个儿童的隐私，而是整个家庭的隐私。现实中，有些父母对于儿童的隐私保护可能并没有起到积极的作用，反而成为侵犯儿童隐私的主体。

除了前文提到的父母由于"同意疲劳"而默许儿童谎报年龄，让"父母同意"形同虚设之外，有的父母甚至会主动在社交软件上暴露孩子的隐私，在国内有一个很常见的名字叫"晒娃"，在国外被称为"sharenting"。据调查显示，美国92%的两岁以下的儿童就已经在社交媒体上留下了印记，三分之一的新生儿出现在社交媒体上。密西根大学做了一项关于父母在网上分享孩子信息的调查发现：56%的家长会分享令孩子尴尬和难为情的信息，分享信息中51%的内容可以判定孩子的具体地理位置，27%的家长会分享孩子不雅的照片（inappropriate photos）。甚至很多孩子还是胚胎的时候，照片就已经被放到社交网站上。

这些分享都存在极大的隐患。首先，大部分父母在进行分享时，并不会征求孩子的同意，忽视孩子的感受。发布到互联网上的内容，即便从手机上删除了，仍然会保留在网站的数据库中，轻易不会被删除；其次，家长并不知道到底是谁在浏览这些内容，容易招致不怀好意的人，根据网络分享的蛛丝马迹将黑手伸向孩子，在中国[①]和国外都发生过因为父母过度分享孩子照片招致恋童癖[②]或者绑架的案件。父母分享的内容很多都是子女所不愿意回忆的"黑历史"，会导致儿童内心受到伤害，无所平复，会打击儿童自尊心，降低其自我评价，不利于儿童的健康成长。

保护儿童互联网隐私的一个重要方式就是将儿童与成人的信息环境分隔开来，而父母作为一道"防火墙"，理应对儿童进行有效的保护。过度分享自己孩子的隐私内容，又将儿童与成人数据重新融合在一起，这就产生了新的问题。根据COPPA的逻辑，COPPA保护的是整个家庭的隐私权，而非单纯的儿童的隐私权，因为儿童尚未成熟，无法行使相应权利，需要父母代为保护。但是，父母在保护儿童隐私权的同时，在某种程度上也是在侵犯儿童的隐私权。儿童与父母的隐私利益并不一致，父母很容易将其权威凌驾于儿童隐私权之上，如在社交网站上任意发布让孩子尴尬的照片、视频、音频等。

按照《国际人权公约》和联合国《儿童权利公约》的规定，毫无疑问，儿童享有隐私权。那么，如果作为"防火墙"的父母在互联网上过分分享孩子的数据，引起孩子的反感，是否侵犯孩子的隐私权，是否应当被处罚？这个问题不单单是法律问题，也与各国的历史文化传统和价值取向有很大关系，当前欧盟法律并没有做出相应的规定，但是欧盟成员国意大利、葡萄牙、法

---

① 搜狐.晒娃却害娃被绑架，这些晒娃的小细节宝妈们要注意了［EB/OL］.（2018-01-02）[2020-01-12].http://www.sohu.com/a/214370010_99893847.

② STEINBERG S B. Sharenting: Children's privacy in the age of social media[J]. Emory Law Journal, 2016, 66: 847.

国等给出了相关司法判例或法律法规。美国在这个问题上与欧盟的价值观有一定的差异，目前也没有相关的司法判例。

一、欧盟及其成员国的司法判例及价值分析

从欧盟层面的立法来看，GDPR尚未对此问题提出明确的解决办法，GDPR学习了美国的"父母同意"原则，要求收集16岁以下的未成年人的个人数据必须经过父母的同意。目前欧盟法层面上没有对父母威权和未成年人隐私权利进行平衡的相关规定。但是欧盟成员国意大利、葡萄牙都做出了司法判例，法国则将推出一项法律，来平衡父母威权和未成年子女隐私权。

（一）欧盟及其成员国的司法判例

1.意大利

2017年意大利罗马出现了一例未成年人状告父母未经允许在网络上不断发布不适宜的信息的判例。

案件简介：2017年12月，16岁的男孩将自己的母亲告上法庭，因为父母离婚，母亲非常愤怒，违背男孩的意愿，不停地在Facebook上发布他的信息，包括很多私密的信息和让他非常难堪的照片，且对他进行诋毁，对男孩的生活造成了严重的影响。

法院判处该男孩胜诉，要求母亲禁止发布男孩的信息，并在2018年2月1日之前删除以前发布的全部信息，否则将面临1万欧元的罚款。[1]法院判决依据为意大利1941年著作权法第96、97条规定，第96条第1款规定，除非得到肖像主体本人的同意，否则不得对肖像进行展示、复制或者在市场上展示；第97条规定一旦肖像毁损了个人荣誉、名誉或者肖像主体人格尊严，那么该肖像不得展览或者放在市场展示。2003年个人信息保护法典第23条，第1款

---

[1] SPOOKY.16-Year-Old Takes Mother to Court for Posting Photos of Him on Facebook [EB/OL].（2018-01-15）[2020-01-12]. https://www.odditycentral.com/news/16-year-old-takes-mother-to-court-for-posting-photos-of-him-on-facebook.html#more-61821.

规定，必须征得相关数据主体的同意，才能对他人数据进行处理和利用。第4款规定，涉及个人敏感数据处理时，必须获得数据主体的书面同意。1989年联合国儿童权利公约第16条"儿童的隐私、家庭、住宅或通信不受任意或非法干涉，其荣誉和名誉不受非法攻击"。意大利民法典第10条和第316条，强调父母双方对于未成年子女有抚养和扶助的义务。这个案件在意大利引起了极大的关注，因为第一次有法院判处因子女与父母隐私权纠纷而判处父母1万欧元的罚款，事后该名母亲在法院要求的时间内在Facebook上删除了关于儿子的全部数据，罚款并没有施行，但是本案也为喜欢在社交媒体上分享孩子隐私的父母敲响了警钟。

实际上，该案并不是首例，在该案之前，意大利博洛尼亚有一起案件，父亲起诉前妻，要求她不要在网络上发布两个未成年子女的照片，两个孩子分别为6岁和9岁，由于年龄太小，无法明确表达是否同意将自己的照片放在社交媒体上。父亲要求前妻删除在Facebook和Twitter之前发布的照片，包括两个未成年女儿穿泳衣、洗澡、受洗的照片等。法院认为将孩子的照片放到社交媒体上是一种有风险的行为，无异于让孩子成为靶子，被一些别有用心的人攻击。甚至一些恋童癖的操纵和攻击，试想一些孩子裸体和只披了少量衣服的照片，将会被怎样利用？最终法院判定，孩子的照片可以被父母发布到社交媒体上，但是需要父母双方同时同意。

可以看到，关于父母威权和未成年子女隐私问题，法院是偏向于保护未成年子女的隐私的。首先看孩子是否能够表达自己的意愿，如果孩子能够明确表达自己的不满和憎恶情绪，父母是应当给予适当关怀和考量的，而非一味地要求子女听从自己，尤其涉及未成年人隐私保护的部分，法院是完全站在未成年人这一方面的。

2.葡萄牙

2015年，葡萄牙埃武拉法院也判决了一起未成年子女起诉父母在社交媒体上发布过多关于自己信息的案件。法院基于保护未成年人互联网隐私和数据的目的，要求12岁女孩的父母不得在社交网站上披露任何女孩的照片或者任何能够识别她身份的信息。法院认为：父母有义务为孩子提供一个安定、健康的环境，并尊重他们的权利，尊重他们的肖像和私人生活。孩子不是父母的所属物品，父母不能根据自己的意愿随意处置孩子，孩子是拥有权利的人。一方面，父母必须保护孩子，另一方面父母要尊重孩子的权利。这才是父母权利的核心内容，必须始终以"儿童利益最大化"为指导。父母的主要责任和义务是引导和教育孩子，保证孩子的健康，并保证他们的权利的践行和生活安全。

3. 欧盟其他国家相应对策

2016年12月，据每日邮报报道，法国将推出一项新的法律法规：未经未成年人允许，父母擅自在网络上分享孩子照片，孩子长大之后可以提起诉讼，父母则可能面临35000英镑的罚款，或者一年牢狱之灾。[1]根据当前法国刑法典第226—1条规定，任何人以任何方式侵犯他人隐私，将被处以一年以下有期徒刑和45000欧元的罚款。其中第二款为未经他人同意，记录、传播个人在私密地址的图片。不仅如此，法国[2]和德国[3]警方都曾经通过Facebook发布消息，要求父母不要过多上传孩子的照片，来防止专门针对儿童的犯罪。Facebook的工程副总裁Jay Parikh也表示Facebook将开发软件自动提醒父母，一旦发布的照片上有孩子的身影，将会提醒父母，是否还要继续发布此照片，来减少孩子的曝光。

（二）价值分析

通过以上案例，可以看到一些法院共性的标准：

---

[1] CHAZAN D.French parents' could be jailed' for posting children's photos online[EB/OL].(2016-03-01)[2020-01-12]. https://www.telegraph.co.uk/news/worldnews/europe/france/12179584/French-parents-could-be-jailed-for-posting-childrens-photos-online.html.

[2] TOOR A. French police tell parents to stop posting Facebook photos of their kids[EB/OL].(2016-03-01)[2020-01-12].https://www.theverge.com/2016/3/2/11145184/france-facebook-kids-photos-privacy.

[3] DEARDEN L.German Police Warn Parents Not To Post Photos of Their Children on Facebook in Case Peadophiles Use Them[EB/OL].(2015-10-15)[2020-01-12].https://www.independent.co.uk/life-style/health-and-families/german-police-warn-parents-not-to-post-photos-of-their-children-on-facebook-in-case-paedophiles-use-a6695346.html.

1. 发布内容

发布内容是否为孩子隐私内容，内容是否过于私密，是否属于敏感数据内容，是否属于隐私内容，例如孩子洗澡的照片、穿泳装的照片，在上述的意大利罗马案件中，有媒体披露该案的母亲曾在社交媒体Facebook上传孩子上厕所的照片，严重侵犯了孩子的隐私。照片的内容非常重要，是法院判定的标准之一，按照意大利法院的判决标准是：照片内容涉及核心数据、涉及公民隐私，相对范围要窄一些，个人数据中的核心部分不得上传。葡萄牙法院的标准是"可识别的数据"，这样范围就更为广泛，不仅仅是个人核心数据不得上传，甚至连一些可识别性的内容也不得上传，这对父母来说要求就更高了。

2. 是否征得未成年子女同意

发布内容是否得到孩子的同意，这也是几个判例的关键点所在。一是未成年子女是否能够清晰表达自己的意愿，例如博洛尼亚的案件中，未成年子女由于年龄太小，无法表达自己的真实意思，由父亲代为表达。在葡萄牙和罗马的案例中，未成年子女都有明确的意思表达，要求父母不要上传相关照片及信息，但是父母都没有当回事，导致双方对簿公堂。二是欧洲大部分国家的个人数据保护法中，都对展示个人肖像是否获得本人同意有严格要求。所以也提醒父母不要无视未成年子女的反对意见，正如埃武拉法院所说的，父母有义务为孩子提供一个安定、健康的环境，并尊重他们的权利，尊重他们的肖像和私人生活。孩子不是父母的所属物品，父母不能根据自己的意愿随意处置孩子，孩子是拥有权利的人。

3. 是否存在人格尊严毁损

发布到社交媒体上的照片，是否对于未成年子女的自尊和人格尊严造成一定程度的毁损。例如罗马案件中的母亲，在社交媒体上上传孩子隐私照片之后，配有诅咒、辱骂孩子的文字，导致孩子心情郁闷甚至请求法院让他换一个环境，到美国去生活以避开现在的社交生活。欧盟认为隐私是公民人格尊严的重要组成部分，隐私权是公民更好地施行其他人格权利的基础。如果出现了对于未成年人格尊严的毁损内容，那么法院一定会惩戒父母。

4."儿童利益最大化"原则

无论是欧盟层面的《通用数据保护条例》，还是各成员国的数据保护法，都以"儿童利益最大化"为基本原则，强调儿童利益的重要性，父母可以行使家长的权利，但是不得伤害儿童的权利。一方面父母有义务保护孩子，另一方面，父母要学会尊重孩子的权利，这样才能维护家庭的和睦与和谐。

二、美国的平衡措施及价值判断

通过前文的详细对比，可以看到美国与欧盟在隐私保护上实际上有着一定的差异，吴伟光教授认为，"美国对于隐私是从下而上的弱保护"美国的隐私权保护更偏向功能主义，是对抗政府的政治工具，是为"自由权所涵盖"的，而欧盟则是"自上而下的强保护"，偏向"自然权利主义特征"。当隐私价值与言论自由相矛盾时，美国会将言论自由置于隐私保护之上，而欧盟刚好相反，欧盟认为隐私属于人格尊严，任何人的人格尊严都不应该被侵犯，即便表达自由也要让位于人格尊严。所以，可以看到，当面对父母威权与未成年人隐私利益相矛盾的时候，意大利和葡萄牙的法院直接选择保护未成年人的权益，因为隐私被认为是人格尊严的一部分，任何人不得侵犯。反观美国，这种矛盾当然也存在，但人们更加珍视自我表达的权利，虽然有学者如史黛西等不断呼吁政府出台解决措施来平衡未成年人互联网隐私权利和父母威权之间的矛盾，但是大部分学者并不认为从法律上解决这个问题会更加有效，他们建议以一种缓和的方式来调节，例如提升整个家庭的媒介素养，当父母想要在线分享未成年子女照片的时候，社交媒体弹出提醒对话框来提示父母，Facebook确实曾经考虑上线这个功能，或者父母增加与未成年子女更多的沟通，给予他们更多的否决权等。虽然美国对于未成年人隐私保护非常严格，但是在平衡父母威权和未成年人隐私权利方面，美国并没有很多如欧洲国家一般相对激进的措施，反而较为缓和。

第四节 以未成年人互联网权利平衡为宗旨的保护模式

一、未成年人隐私权与表达自由

未成年人隐私权与表达自由一直是学者所争论并试图在立法中平衡的两种权利，表达自由不仅仅指未成年人的网络表达自由，也包括成年人的表达自由。虽然看似是两种权利的平衡，实际上涉及更多的博弈。从美国的相关立法来看，美国更加珍视表达自由，但是涉及未成年人互联网隐私时，并非每一次表达自由都占上风，而对于欧盟及其成员国来说，对于人的基本权利更加珍视，当同样面对公民基本权利，只是父母和未成年子女之间的隐私权时，欧盟国家更加偏向未成年子女的隐私权的保护。

（一）未成年人隐私权与商业言论自由

表达自由作为美国的立国根本价值，轻易无法动摇，未成年人互联网隐私保护的立法几经拉扯，才最终留下了"硕果"——COPPA，在COPPA之后，美国政府还推出了《通信正派法案》（Communications Decency Act）、《儿童在线保护法》（Child Online Protection Act）等，都被判违反宪法第一修正案。而从COPPA诞生之日，对于其是否对表达自由进行了限制，出现了大量的争论，有很多学者认为COPPA违反美国宪法第一修正案，侵犯了表达自由。有学者认为COPPA的"父母同意"原则是对于商业言论自由的侵犯；也有学者认为COPPA出现之后，促进了网站的自我审查，并自行删除一些针对儿童的言论[1]，形成"寒蝉效应"，最终导致这些专门针对儿童的网站"关门大吉"。为

---

[1] WARMUND J. Can COPPA Work? An Analysis of the Parental Consent Measures in the Children's Online Privacy Protection Act[J]. Fordham Intellectual Property, Media and Entertainment Law Journal, 2000: 215.

了遵守COPPA的规定，进行可识别的验证，网站不得不付出更多的成本培训员工，为保证互联网隐私政策声明符合COPPA标准，不得不雇用律师撰写相关的法律政策以及调整收集和保护家长的同意表格。这些成本叠加起来，一个网站每年最高可花费10万美元，网站为了削减成本，不得不禁止儿童进入网站。

从前文所举出的几个判例来看，美国并没有因为要保护言论自由而收窄对于未成年人互联网隐私的保护范围，甚至有加强的倾向。20年间，COPPA的审查范围不断加大，处罚金额不断提升，从只对未成年人中知名的网络服务扩展到全球知名的网络服务，可见美国将未成年人互联网隐私的保护至于商业言论自由之上，甚至从COPPA起草者马基参议员的修改提议来看，未来COPPA将更加严格规范，将实际知道变为推定知道，进一步加大网络服务运营商的责任。马基曾公开表示：在互联网时代，要将儿童的利益至于大公司利益之上。

（二）未成年人隐私权与未成年人表达自由

除了对于商业言论自由的担忧，也有学者认为"父母同意"原则中规定父母来决定儿童信息能否被收集是对儿童宪法权利的侵犯。[1]比如，一些网站为了防止烦琐的认证识别手续，直接禁止未成年人进入该网站。让未成年人无法登录一些网站，无法公开表达自己的言论。

在"父母同意"原则之后，以"被遗忘"为核心的立法不断出现，"被遗忘权"最早在欧盟的法院确立，美国并不认可"被遗忘权"。但是，在针对未成年人互联网隐私保护方面，美国却将表达自由置后，推出了针对未成年人的"橡皮擦"法和"防追踪"法，都是试图平衡未成年人互联网表达自由权与隐私权的努力。

欧盟及其成员国更是非常珍视未成年人的"被遗忘权"，在GDPR中有

---

[1] SIMMONS C. Protecting Children While Silencing Them: The Children's Online Privacy Protection Act and Children's Free Speech Rights[J]. Communication Law and Policy, 2007, 12（2）: 210.

好几条对此进行了规定，不仅如此，法国还设立了逝后"被遗忘权"。但是，"被遗忘权"看上去很美，如何实现，仍然是非常现实的问题。由于互联网的开放性和匿名性，快速的传播性以及长久的保存性，仅仅依靠技术手段消除影响，其实是远远不够的。可以看到，以"父母同意"为核心的法令或多或少对于未成年人表达自由进行限制，在未成年人互联网隐私权的面前，未成年人的表达自由确实要进行一定的让渡。但是这种让渡是否是坏事呢？

从儿童群体来看，表达自由是国际社会公认的公民基本权利，也是美国宪法第一修正案规定的，是美国建国的法律基石，以往的法律判决中也毫无疑问地指出13岁以下儿童是享有表达自由的。但是，表达自由建立的基础是个体的人身安全和网络安全，为了保护人身安全和网络安全而不得不让渡部分儿童的表达自由，这是在各国都常见的做法。COPPA对13岁以下未成年人的隐私进行保护不是为了限制他们的表达自由，实行政府或者父母专制，而是为了更好地保护这些儿童在互联网环境下免受来自商业广告的侵扰，来自陌生人的伤害等。从这个角度来看，政府选择让渡部分儿童的表达自由，来更好地保证儿童的互联网隐私安全，是无可厚非的，法律所能做到的是平衡权利矛盾，而不可能消除矛盾。美国、欧盟及其成员国都是在试图给予未成年人更多的表达自由，但是表达自由与隐私权很难实现真正的平衡，为了保护隐私权必然会让渡一部分表达自由。

二、未成年人隐私权与父母威权

随着"父母同意"原则为核心的法律不断为各个国家和地区所借鉴，未成年子女隐私权与父母威权之间的矛盾不断出现。在人类社会早期，相当长的一段时间内，儿童一直被视作男性家长的附庸，直到20世纪之后，儿童才被视作权利主体的拥有者，才开始被重视，被赋予权利。在"父母同意"原则为核心的立法背景下，未成年人出于自身的特点，无法实行完整权利，需要父母代为行使。但是父母有时会将自己的意愿凌驾于未成年人的意愿之上，随着未成年人不断成长，其对于父母威权的挑战和自我独立，个人信息控制的意愿不断增强，产生大量的矛盾。就当前欧盟成员国的判例来看，相比于父母威权，法院更加支持未成年人隐私权的保护。孩子起诉父母来保护自己隐私的案件确实不多，但是在未来是否会成为一种普遍现象，有学者支持这种说法，认为未来子女会因不满父母在社交媒体上上传过多自己的照片和信息被送进监狱。笔者认为，如果这种现象增多，更多的未成年人试图以起诉的方式来阻止自己的父母在线发布关于自己隐私的内容，那么法律是否可以授予相应年龄（16岁以上）的未成年人更多的权利，来对抗父母威权？

在美国法律中有"成熟的未成年人"（mature minors）的说法，即这些未成年人有权决定是否接受医生对自己实施医疗救治以及精神疗法。[1]过去的学者认为18岁以下的未成年子女对于自己的生活认识不足，对自己的生活没有决定权，但是在成熟未成年人的规定中，只要未成年人的认知能力达到一定水平，就有权自主决定某些事项而不必事事遵循父母的意见。[2]在英国法律中，也有儿童隐私自治的传统[3]，如果儿童具备足够的理解力和智力，能够对需要做出决定的问题做出自己的决定，那么其父母权利应让步于儿童权利，以使儿童做出自己的决定。[4]在挪威的《儿童法》中，则对儿童自决权有明确的法律规定："儿童的自决权——父母应随着儿童成长逐步扩大儿童决定自己事务的权利，直到她或他成年。"

未成年人并非如成年人想象一般，不了解在数字环境下如何保护自己，在欧盟2017年对于未成年人的调研《我们的世界：在儿童眼中该如何保护数

---

[1] 李延舜."权威与服从"语境中的未成年人隐私权保护研究[D].苏州：苏州大学，2017：92.

[2] 特金顿.家庭成员谈话和通讯隐私的保护[M]//张民安.侵扰他人安宁的隐私侵权[M].广州：中山大学出版社，2012：123-124.

[3] 1985年的吉利克一案中，就提出了儿童享有自治性隐私权。本案的争议焦点在于16岁的未成年少女要求医院开避孕药时，是否应先征询其父母的同意。该案成为标志性案件，发展出的原则为，如果儿童具备足够的理解力和智力，能够对需要做出决定的问题做出自己的决定，那么其父母权利应让步于儿童权利，以使儿童做出自己的决定。See Gillick v West Norfolk and Wisbech Area Health Authority.

[4] 孙云晓，张美英.当代未成年人法律译丛：英国卷[M].北京：中国检察出版社，2005：6.

字环境下的权利》(*It is our world: Children's views on how to protect their rights in the digital environment*)针对数字时代下出现的几个问题，对于18岁以下的未成年人进行了询问，了解他们的想法和态度。在隐私和数据保护中，儿童关心以下几个问题：个人隐私的尊重，非必要的注册；删除肖像的权利、被遗忘的权利；广告；网名的使用；花钱；隐私数据披露等。儿童对于隐私和数据保护有着深刻的担忧，他们非常了解在线分享内容的结果，基于被分享的内容的传播，他们在真实生活中会"受伤"。他们自己知道很多种下载和获得照片的方法，他们建议防止个人肖像泄露的方法是阻断访问照片链接并加强控制网络社交媒体。尊重隐私和家庭生活被提到了好多次，尽管孩子们意识到数据身份可能是假的，现实生活中遇到的人可能跟网络上描述的完全不一样。[1]这些都可以看到，未成年人对于自己所生活的社会环境、网络环境有一定的认知。

虽然在英、美两国的法律中，对于未成年人的自治性隐私的要求目前还仅限于医疗层面，在近年来的判例中尚未看到援引到互联网领域中。但是，随着社会发展，儿童肯定会越来越成熟，相较于前人而言，他们更加有能力和意识决定自己的事务，包括隐私和个人数据。当前很多国家，在未成年人互联网隐私保护方面，通过了"父母同意"原则为核心的立法，以"被遗忘"为核心的立法，那么是否可以增加未成年人"隐私自治"为核心的法律？在保护未成年人互联网隐私的同时，又给予他们足够的表达自由，同时又能对抗父母威权。

三、未成年人隐私权与网络安全

前文提到了未成年人的"隐私自治"，也有很多学者认为，赋予未成年人过多的隐私权，会影响他们的网络安全，尤其是这种隐私是不为父母所知晓

---

[1] COUNCIL OF ERUOPE.It is our world: Children's views on how to protect their rights in the digital environment[EB/OL].(2017-10-01)[2020-01-28]. https://rm.coe.int/it-s-our-world-children-s-views-on-how-to-protect-their-rights-in-the-/1680765dff.

的，就会产生网络安全的担忧。要平衡未成年人隐私和网络安全，一个典型的法令是2019年英国通过的《年龄适宜设计：网络在线服务行为守则》（简称《守则》）。《守则》采用了隐私设计的理念对未成年人互联网隐私保护，其中有一条为父母控制（Parental controls）：如果手机软件提供父母控制网络服务，必须明示未成年人。如果父母对未成年人进行监视，追踪地理定位，必须明示未成年人。一方面将未成年人网络安全放在首位，让父母知晓；另一方面又让未成年人知晓父母正在追踪定位，试图来平衡未成年人隐私权和网络安全。

笔者认为，未成年人的隐私权和网络安全其实并不冲突，而是紧密联系在一起的，当前公认的对于未成年人的网络侵害，主要来自性剥削、商业广告、网络暴力等，以及很多线下犯罪的基础都是源自未成年人互联网隐私的泄露，可以看到未成年人的互联网隐私保护是未成年人网络安全的基础，所以当前，各个国家在加强立法，希望通过保护未成年人互联网隐私，来保证未成年人的网络安全。问题的关键是，如何在不侵犯未成年人隐私权的情况下，保证其网络安全。但是实际上，为了保证未成年人的网络安全，势必要让渡一部分隐私权，因为未成年人与成年人相比，无法完全行使一定的权利，且其自我保护意识较差，过于强调保护其隐私权，会忽视其网络安全的保障。所以，大部分国家会将网络安全放在首位，一定程度上让渡一部分隐私权，而不是全部，在一定范围和程度内，会非常尊重未成年人的隐私权和自决权。

第五章　多元治理视域下的未成年人隐私保护及新理论

随着传播技术的快速发展，越来越多的主体涉及未成年人互联网隐私保护，数据控制者即网络平台的权力越来越大，未成年人互联网隐私保护不再是单纯地依靠政府和家庭就可以解决的问题，越来越多的主体参与进来，才能更加有效地保护未成年人的互联网隐私。同样，随着传播技术的发展，传统的隐私保护理论所处的媒介环境已经发生了巨大的变化，正如梅罗维茨所说，新媒介、新社会必然会产生新的行为。随着媒介环境的变化，人们的行为也发生了巨大变化，新的未成年人互联网隐私保护理论也应运而生。未成年人互联网隐私保护从来不是一元的保护，而是以法律为基础、多元主体共同参与的治理，包括来自互联网行业、学校、家庭和社会的共同努力。未成年人互联网隐私保护也不是静止的，而是发展的，随着传播技术不断发展而不断更新。

第一节　互联网行业自律中的未成年人隐私保护

前文提到美国相较于欧盟，对于隐私权的保护是一种"自下而上的弱保护"，美国法律中认为隐私权是与政府权力相对抗的，相较于政府，美国人更相信市场的力量，而欧盟对隐私则是"自上而下的强保护"，与美国人刚好相反，欧盟国家更加相信政府，而非市场。因此，相较于欧盟，美国更愿意选择行业自律来对未成年人互联网隐私进行保护，当学者批评COPPA忘记了14岁以上的未成年人时，政府更多的回应是"将这些未成年人交给市场行业自律"。所以在本节中，未成年人互联网隐私保护的行业自律经验主要来自美国，欧盟并非没有行业自律，只是相对较少。但是市场并非万能，行业并非中立，其有着较强的商业目的，所以仍然需要来自外部的制约。

一、互联网行业自律的优势

相较于采取法律措施，互联网行业自律更加柔和，弹性更强。在未成年人互联网隐私保护方面，互联网行业自律与立法相比主要有以下几个优势：一是灵活机动，不同类型的网站能够根据自身网站特点制定适合本类型市场的政策，能够快速针对市场反应，对于消费者的反馈迅速及时作出调整。而法律的通过和实施则需要经过大量的时间和烦琐的程序进行反复论证，所以法律一直是滞后于互联网技术发展的；二是可以减少政府立法和执法的成本，便捷方便；三是互联网企业更了解互联网行业的技术和商业发展前景，能够提前做出预判；四是作为软性的网站规则，完全可以避免诸如美国等国家的宪法性审查，减少麻烦。

二、美国与欧盟互联网行业自律的主要措施

（一）签订自律文件并建立自律联盟

相较于美国，欧盟的行业自律虽然不多，但是欧盟也很早开始对未成年人互联网隐私行业自律，建立了自律联盟，签订了自律文件。

2011年欧盟组建"保护未成年人在线安全"CEO联盟，该联盟是一个解决和应对欧洲未成年人上网时遇到问题的自律组织。联盟帮助未成年人拥有一个更为安全的网络环境。签署本联盟的公司要在五个方面做出积极行动，

其中一项为设置适合年龄的隐私保护方式。在Facebook和Hyves（荷兰社交网站）的牵头下，联盟采取有效措施，来探讨怎样整合不同文化背景下的未成年人隐私年龄设置问题，将父母和孩子的想法都考虑进去。联盟同意在内部分享当前实践措施，并根据不同的隐私设置选项给出明确的信息和可能存在的警告。

2009年，欧盟21家社交媒体网络公司签订了自律性协议《欧盟安全社交网络规范》(the Safer Social Networking Principles，简称《规范》)，鼓励企业采用足够的安全保护工具和规范来保护未成年人信息，包括在网站上设置"举报"按钮，将隐私保护设为默认，控制18岁以下未成年人的个人信息页以及防止一定年龄以下的未成年人注册该网站，尤其是鼓励网络公司开发有效的方式方法来保护未成年人互联网隐私，并加强合作。第6条指出，鼓励并允许用户选择一种安全的方式来获取个人隐私。网络服务提供者为用户提供一系列隐私设置选项，鼓励用户对在线发布内容作出明智选择。这些选择必须永远在线可视，允许用户随时变更等，从保护用户隐私的角度对网络服务提供商提出了具体要求。《规范》是与欧盟委员会合作制定的，在签订之后，欧盟委员会通过第三方独立机构检测，来评定《规范》是否起到作用。

欧盟数据与市场联合会（The Federation of European Data and Marketing）签订了《行为自律规范法令及其在线市场附件》(European Code of Practice for the Use of Personal Data in Direct Marketing Electronic Communications Annex)。该自律性规范文件第6条提出了对于儿童的保护，要求信息控制者在收集信息之前，设立有效的措施来认证未成年人的年龄以及父母同意。但是，当时并没有广泛遵循的可接受的年龄确认系统。该文件要求信息控制者提供儿童适宜的信息包括信息处理，禁止收集儿童的家庭信息，限制敏感信息的收集，禁止刺激消费为目的的奖励，包括游戏或者乐透等形式。[1]

---

[1] MACENAITE M. Regulation of children's online privacy[EB/OL].(2012-08-01)[2020-01-12]. http://arno.uvt.nl/show.cgi?fid=129564.

（二）安全港协议（safe harbor）

安全港协议是美国互联网行业最早施行的保护措施。Safe Harbor（安全港）是指COPPA的312条中提到的，COPPA允许互联网企业申请安全港状态（Safe Harbor status），允许互联网企业建立自律条款来适应COPPA的要求，自律条款要与COPPA一致，甚至比COPPA还要严格。当前FTC批准了七个安全港项目。[1]建立安全港的目的是鼓励互联网行业自律，FTC认为通过这些安全港项目，可以让互联网企业比传统的监管模式更迅速、灵活地回馈客户需要、行业需求，并建立一个蓬勃发展的互联网市场。

在安全港原则提出之初，确实获得了很多赞誉，很多学者认为安全港确实会平衡FTC监管与互联网企业发展，但是在后期，批评也不断涌现，大部分批评集中在安全港建立的目的以及安全港项目的有效性上。一方面，真正加入安全港项目的儿童网站数量极少，而实际上有大量的儿童网站仍然没有加入甚至根本不知道安全港项目，无法进行行业自律。另一方面，通过对七个安全港项目的详细规章制度研究发现，安全港项目与COPPA的要求基本一致甚至高于COPPA的要求，并不能起到FTC所希望的"机动灵活"的政策监管，那么设立安全港的意义何在？不仅如此，FTC要求针对儿童（directed at children）的网站申请安全港项目，由于互联网企业的变换多样，有的网站可能申请了安全港项目，但是其内容不断变化；有的声称自己是针对儿童的网站，但是其提供的内容又不仅限于儿童内容，所以在这种情况下，如何甄选和剔除不适当的网站，仍然需要一个标准，现在来看，虽然有变化，但是仍不够明确。

尽管有很大的争议，"安全港"的出现仍然是一个进步，是从self regulation（自律）走向co-regulation（共律）的一个尝试，安全港模式在最开始出现的时候，其目的是让业界可以根据自身需要及企业属性来自主制定儿童隐私保护的自律规范，经FTC审核之后可以进行使用，是专门针对儿童的隐私保护方式。由行业来

---

[1] 分别为（1）the kidSAFE Seal Program，（2）Aristotle International Inc.，（3）the Children's Advertising Review Unit（CARU），（4）the Entertainment Software Rating Board（ESRB），（5）Privacy Vaults Online, Inc.（PRIVO），（6）TRUSTe, and（7）iKeepSafe.

制定规则，突出行业的宽松度和自由度高的优势，同时行业与政府联合规制，保障行业健康有序发展，其出发点是非常好的，但仍然需要更多的实践与尝试。

（三）"隐私戳"及加强行业内部监管

隐私认证是美国互联网行业自律的重要手段之一，专门针对未成年人。业界隐私自律组织会根据COPPA而设立特殊的保护政策。例如网络隐私认证组织TRUSTE就会对儿童隐私保护设立专门的认证标志。在通过了TRUSTE的评估和认证之后，网站可以将"隐私戳"放在官网展示，以供用户查询和访问，"隐私戳"标志着该网站达到了TRUSTE儿童隐私保护项目的要求。而TRUSTE的认证标准要比COPPA严格，来保证网站一定不会违反COPPA的要求。

美国有大量的行业自律组织，除了知名的Online Privacy Alliance、IAPP之外，还有诸如CARU（children's advertising review unit）等专门针对儿童隐私保护的组织。CARU也是COPPA认证的组织之一，他们不仅审查儿童广告，而且还会对儿童隐私进行特别的关注。他们有一套自己的隐私保护内容，也在业内起到监察的作用，一旦有公司涉嫌侵犯儿童隐私，他们会向监管机构举报。如CARU在2018年向FTC举报musical.ly侵犯儿童隐私。

（四）开发软件和适宜内容

互联网行业努力打造适宜未成年人的信息环境，可以分为两个方面。第一个方面是软件的开发，来保证未成年人互联网隐私不被泄露，软件要包括两类。一类方便父母监控未成年子女上网内容的软件，父母可以知晓子女在什么时间浏览了哪些网页，子女的具体位置，同时过滤不适宜的内容，以及禁止特殊网页的登录，并可以向父母预警，跟中国的成长守护平台有异曲同工之处。美国最典型的软件是Net Nanny，包括手机、电脑多个版本。第二类是防止未成年人在公共论坛上发布关于个人信息的软件，一旦未成年人发出关于个人信息例如住址的内容，则屏幕显示可以变为***。第二个方面是从内容上，开发更多更好适宜未成年人的内容。例如YouTube、Spodify（音乐软件）等娱乐软件都有专门的未成年人应用程序，便于未成年人在合适的内容下最大限度地观看最新的娱乐内容。

欧盟的互联网行业也善于开发多种软件,包括父母控制软件（parental tools）、在线分级软件（content classification）以及举报工具（reporting tools）等,但是要求要以一种让未成年人感到尊重的方式进行使用。互联网公司要及时追踪、反馈消息。不仅如此,欧盟要求互联网行业间要加强合作并分享最适宜未成年人互联网隐私保护的实践方法,从NGC、社会组织、欧盟及其成员国以及其他国际组织之间获取有益的实践经验。

（五）从行业自律走向"共律"

除了技术手段、建立网络联盟等方式方法之外,欧盟还有一个突出特点是在行业自律与政府监管之间选择了中间道路,即共律（co-regulation）。共律是指一系列规范性文件。其是由该领域的专家以及经营者、社会团体、非政府组织或者联合会所认可,同时该法律或政策性文件允许政府在一定程度上干预或检查法律目标是否得到实现。可以看到,共律的两个特点,一是政府的角色的转变,既非行业自律时的"大撒把",也不是全然的参与,只是在威慑强制,或者执法时参与进来。二是行业组织及其领域的专家成为主体,不再是政府要求行业做什么,而是行业根据自身特点来主动制定政策,行业组织被赋予了更大的自主性,主动性和积极性有所增强。这样制定下的法律或者政策,被称为"软性法律"（soft law）。例如欧盟的引导（guidelines）、同意（agreements）、声明（declarations）、建议（recommendation）、行为准则（codes of conduct）等都是软性法律。"软性法律"强制力不大,支持自愿加入和提倡,鼓励企业之间的合作和行业设立自己的准则。共律是"一种公共利益与私人利益的联合来获取一个共同公共的目标"。政府与互联网行业不再是一方从属于另一方的关系,而是一种合作关系,与美国的安全港原则有相似之处。

三、互联网行业自律中需要改进的内容

互联网行业自律是以市场为导向的,但是市场也有失灵的时候,行业自

律也并非万无一失，仍然有需要改进的内容。

（一）互联网行业本身的趋利性和混乱性

互联网行业本质是趋利的，如果没有足够的监管动力，互联网行业是很难真正执行自己制定的政策，"己之矛"无法攻"己之盾"。即便设定了标准，也很难执行。很多学者认为，美国是以行业自律为主、立法为辅来进行互联网监管的，但是就未成年人互联网隐私保护来看，正是由于互联网行业自律失败，才最终导致COPPA的诞生。

1998年美国联邦贸易委员会通过对1402个网站调研发现，92%的网站会收集用户信息，只有一小部分网站会告诉用户他们的信息将被如何使用。随着儿童上网数量的不断增加，如何保护儿童的网络隐私摆在了立法者和互联网业界人士面前。经过商讨，1998年11月美国国会通过了《儿童在线隐私保护法》。

1998年FTC明确了政府对于行业自律的几点要求：一是通知（notice），在网站设立一个清晰明显的隐私政策；二是选择（choice），允许用户选择是否向网站提供他们的信息；三是途径（access），创建用户个人信息文件夹以供审查；四是安全（security），保护用户信息的安全性。但是FTC在2000年做的调查显示，虽然美国政府大力扶持互联网行业自律，但是在实际操作中，大部分用户使用最多的商业网站，在收集用户信息的时候，近40%的网站没有隐私政策。在有隐私政策的网站中，大部分网站的隐私政策都没有行业自律要求的最低标准。在这些隐私政策中，存在大量的欺骗、模糊、诱导用户的词语等。所以在没有外部力量监管的情况下，只靠行业自律是很难达到真正保护用户隐私的目的。不仅如此，与法律不同，互联网行业自律标准因网站类型不同而有不同的标准，至今也没有一个定论，也很难统一。美国各个互联网联盟之间有不同的标准，欧盟不仅有庞大的网络联盟，也有各个不同的标准，甚至自相矛盾。

（二）互联网行业与政府之间的关系

互联网行业自律的一个重要问题是，行业与政府的关系，决定了其在之后的未成年人互联网隐私保护中所起到的作用和扮演的角色。

从欧美国家来看，政府与行业是一种相对独立的关系，行业被赋予了更多的自由和创造力去完成和推动未成年人互联网隐私的保护。但是，行业自身的逐利性和混乱性也会被放大，责任性和强制性不足，就会导致自律性不足，正是由于美国行业自律不足以完成对未成年人互联网隐私的保护，行业自律无法有序实现，才最终迫使美国政府推出了COPPA。如果行业过于从属于政府，行业只是政府意志力的体现，也会压抑行业的优势、灵活性，动力不足，只是遵从政府的意见，无法发挥创造性。

从欧美国家的经验来看，其实可以寻找一条"中间道路"，就是政府和行业合作的共同监管。既充分利用和发挥企业的创造性、灵活性等优势，又能利用政府的执行力抑制其逐利性的一面，政府也不需要投入如立法一般的大量成本。实现三赢，既保护未成年人，帮助行业实现社会责任，又能推动软性立法，减少立法成本。

（三）网络平台权力越来越大

近年来，随着互联网的进一步普及和应用，海量的用户信息富集在网络平台手中，网络平台即为COPPA中的网络运营商，为GDPR中提到的数据控制者。信息被誉为21世纪的黄金和石油，谁掌握了信息，谁就掌握了21世纪最大的财富。对于Facebook这种坐拥22亿用户的互联网巨头来说，掌握了数以万计的用户信息，甚至包括大量隐私信息。而对于相对弱势的未成年人来说，网络平台收集、处理未成年人个人信息更加多元、隐蔽、容易。2019年，YouTube就曾利用收集的信息对未成年人进行心理操控来诱导其消费，之后被FTC罚款1.7亿美元。早在2017年，就有报道指出Facebook收集青少年情绪状态，并形成报告，卖给广告商赚取利润。之后，Facebook曾多次被曝光收集用户的信息，卖给其他合作伙伴，由合作伙伴发布定向广告赚取利润，Facebook从中抽成。有学者称，Facebook的真实用户其实并不是普通用户，而是其商业伙伴，普通用户的个人信息只是Facebook提供的一部分服务而已。越来越多的网络平台依仗自身控制数据的地位来压榨相对弱势的用户群体，即便在平台上发布了用户协议，但是对于用户来说并不对等，尤其是处于更加弱势地位的未成年人用户，即便被平台绑架、操控也不自知。单纯依靠行业自律或者平台自律来保护未成年人互联网隐私是远远不够的，仍然需要强劲的法律基础，联合社会各界共同参与进来。

第二节　以隐私保护为主的媒介素养教育

根据联合国儿童基金组织的报告和信息显示，2018年全世界每天有超过17.5万名儿童第一次上网，平均每半秒钟就会新增一名儿童网民，全球互联网用户中三分之一是儿童。未成年人本身由于不够成熟，生活阅历不够，不具备在互联网环境中自我保护的能力，可能相较于成年人更加容易掌握基本的进入互联网获取知识的能力，但是，如何批判性地吸收媒介知识，合理利用媒介不断完善自我、发展自我，仍然需要进一步学习。因此，除了立法和互联网行业自律之外，提升未成年人互联网隐私保护的另一个做法就是通过媒介教育，加强未成年人及家庭隐私保护的意识，让未成年人学习如何在网络上保护自己，而接受教育的对象不仅仅包括未成年人，也包括其家长、教师、学校管理者以及网民。

一、媒介素养教育的概念及内涵

媒介素养的概念最早来源于英国学者里维斯和汤普森在20世纪30年代出版的书籍《文化和环境：批判意识的培养》。media literacy，中文翻译为媒介素养或者媒介教育、传媒教育等，其内涵丰富，主要强调现代公民学习、掌握、了解多种媒介的使用技巧，保证现代公民基本权利的实现和保护，兼具传播学、美学、教育学等多学科视角。媒介素养教育的理论基础源自媒介环境学，媒介环境学派强调将媒介作为传播学的研究对象，重视其作用，正如尼尔·波兹曼所说的，"传播媒介影响着人们的感知、认知和价值观"，而人与媒介如何互动，如何利用使用媒介的同时，实现自我保护，都是进入智能化时代后所需要学习的内容。

　　最开始时，人们对于媒介素养的认识仍然停留在较为浅层的对信息的掌握能力，如1992年美国媒介素养研究中心将其定义为人们面对媒介各种信息时的选择能力、理解能力、质疑能力、评估能力、创造和生产能力以及思辨的反应能力。之后联合国教科文组织将媒介素养拓展到了两个层面：一方面，信息素养强调获取信息的重要性，以及对信息的评估和道德使用；另一方面，媒介素养强调理解媒介功能的能力，对这些功能发挥程度的评价以及理性的使用媒体进行自我表达。但是随着科技的发展，互联网引发的问题不断涌现，人们也对媒介素养进行了反思，扩大了媒介素养教育的意涵。英国通讯管理局认为，"媒介素养教育让人们掌握足够的技能、知识，以便更好地利用传统和新兴传播技术服务表达自我，同时，能够保护自己及家人远离服务所带来的潜在风险"。至此，英国通讯管理局将数据和隐私纳入媒介素养教育中。不仅如此，2015年美国国家媒介素养教育协会要求在媒介素养中将隐私保护置于更为重要的地位，并要求教师、父母、学校管理者、学生、媒体公司和教育软件开发者都参与到隐私媒介教育中。可以看到，隐私教育越来越成为媒介素养教育中不可缺失的一环。尤其2020年新冠肺炎疫情席卷而来，网络在线课程成为未成年人学习知识的主要方式，使用互联网成为未成年人日常生活中的一项重要内容，在帮助未成年人获取知识的同时，更要注重并培养未成年人隐私保护的意识和能力。随着现代技术的发展，媒介素养教育中的隐私教育将会越来越受到重视。

二、媒介素养教育中的隐私保护教育

　　欧美国家对于媒介素养和隐私教育非常重视，一方面表现在顶层设计上，由政府保证媒介素养教育能够顺利开展；另一方面表现在课程设置上，从幼儿园开始到大学都有不同类别的课程，讲授的内容都不同，最后是课程参与度较高，教育对象不仅仅包括学生，还有父母、教师、学校管理人员等，形成一个整体性的隐私保护环境。

（一）政府推动媒介素养教育

美国政府非常重视媒介素养教育，尤其是隐私教育，早在1992年，美国政府就开始推行媒介素养研究，通过立法来保证隐私教育能够有效推行，各州政府也出台法律法规保证隐私教育顺利实施。虽然美国各个州发展水平不一样，到了1999年，美国的50个州中已经有48个州将媒介素养课程纳入中小学教育体系中。1993年，政府推动国家媒介素养教育协会成立，协会更是提出了媒介素养教育的五个关键问题和核心理念，为世界媒介素养教育的发展奠定了基础，如上文提到的，2015年协会还建议将加强隐私教育内容，融入媒介素养教育中。

欧盟也同样非常注重媒介素养教育，2018年欧盟发布了欧盟《关于媒体多元化、媒体所有权透明化以及媒介素养的建议》(Council of Europe Recommendation on Media Pluralism, Transparency of Media Ownership and Media Literacy)，其中强调了增强成员国媒介素养立法的实施方法。而欧盟成员国如法国、芬兰、意大利、西班牙等国更是从20世纪60、70年代就开始实行媒介素养教育课程，随着信息技术的发展，欧盟中的很多成员国也将隐私保护内容逐渐纳入其中。

（二）隐私教育课程的开设

美国和一些欧盟成员国都有相关的隐私保护教育课程，虽然开设的年级不同，但是仍然把隐私教育作为媒介素养教育关键的一环。主要有三个特点：一是将隐私及数据保护教育作为媒介教育中的重要课程，有的国家设立专门的课程，来保证隐私教育的有效开展。但是并非所有国家都非常重视隐私保护课程，联合国教科文组织针对美国媒介素养课程中隐私教育开展的情况研究发现，隐私教育的内容相较于其他内容并不多，且内容含混，仍需加强。二是从小培养，大部分欧盟成员国对于隐私教育的课程都是从小学开始的，从小就注重培养未成年人保护自己隐私的意识。瑞士更是于2019年起,尝试从幼儿园开始,针对4岁儿童进行隐私和数据保护教育,编写适合4—9岁儿童适宜的教材。美国从幼儿园高年级(5—6岁)开始就对儿童进行隐私教育。三是形式多样,不仅包括课堂教育,也包括在线教育,欧盟会根据不同年龄段的孩子,给出不同的网络内容,低龄儿童则会通过游戏类的教育方式来增加他们对于隐私的认知,对于年龄稍大一些的未成年人则采用其他方式让他们认识、了解互联网及个人信息保护知识。美国会根据未成年人年龄的不同,从幼儿园高年级(5—6岁),直到高中高年级(18岁以下未成年人),编写不同的教材,开设不同的课程。

(三)全员参与

隐私及数据保护教育涵盖范围广,不仅针对未成年人,还包括父母、教师。欧盟的一些成员国还会对教师进行隐私保护培训,会给教师发布如何教授隐私保护的手册,保证教师教育的科学性和有效性。同时也会教育父母如何保护孩子的隐私。以法国为例,法国注重调动父母、教师的力量,并设立未成年人保护网站,鼓励家长与教师进行互动,对于"如何在家庭中保护孩子"和"如何在学校保护孩子"两个问题,家长可以建言献策,共同推动未成年人的保护。政府还会对本国的教师、教育机构等进行培训、宣传,提高互联网环境下保护未成年人的意识,并教授他们保护未成年人的方法和工具,提高教师的责任感。同时法国政府还会举办各种研讨会、网络论坛等活动,邀请教师、家长共同参与探讨未成年人互联网保护等问题。

美国更是从2010年就发布了《各州共同核心课程标准》,鼓励教师成为媒介素养教育的核心主体,2017年美国华盛顿州制定了相应政策,鼓励教授讲授网络安全和媒介素养内容,且在全美积极开展教师媒介素养培训。2002年宾夕法尼亚州就要求教授媒介素养教育的教师必须获得本科学位,并通过传播学的实践考试。不仅如此,针对教师的媒介素养教育不仅来自官方教育机构,如宾夕法尼亚大学,也包括其他社会性教育组织。媒介素养教育的外延不断扩大,美国学者也认识到了隐私教育对于媒介教育的重要性,很多高校都开始研究隐私教育,并将其纳入学生课堂中。

隐私教育的作用虽然不能如立法或者行业自律一般,有巨大的影响力和立竿见影的效果,却有着深远的影响。隐私教育是一个长期的过程,未成年人应该了解知晓自己所在的互联网环境,如何更好地保护自己的隐私,保护自己的网络安全。家长应该如何在纷繁复杂的互联网环境下保护自己的未成年子女,不让他们受到伤害,也避免因为自己的行为而使他们受到伤害。教师和学校管理者更应该加强未成年人学生隐私保护的意识,防止因为个人疏忽而导致未成年人信息泄露,带来不必要的麻烦。

第三节 未成年人互联网隐私保护的新理论及实践

随着新的技术的应用,传统的未成年人互联网隐私保护方式,在某种程度上被不断消解,甚至存在大量的漏洞,如何从新的角度来保护未成年人互联网隐私,则是未来不得不面对的现实。

一、隐私设计理论

隐私设计(Privacy by design)理论,即通过技术设计来保护隐私。该理念来自系统设计,最早源于1995年的关于提升隐私技术的报告。之后在"数据最小化"原则的融合下,逐渐形成了现代的隐私设计理论。隐私设计的七个原则为:主动而非被动,事前预防而非事后补救;系统初始状态就默认隐私保护;隐私嵌入式系统设计;完整功能:正和而非零和,即实现用户与系统开发的双赢,而非削弱一方来保护另一方;端对端安全,覆盖全生命周期保护;可视性和高透明度;尊重用户隐私。

隐私设计理念适用的范围主要包括信息通信技术、商业实践以及物理设计和网络基础设施。使用对象主要包括数据控制者(收集、处理和流转用户个人信息的企业）、系统的开发者和制造者，且以后两者为核心。隐私设计理论已经被运用在欧盟的GDPR中，第25条明确提到了隐私设计和默认隐私。美国FTC在2012年提出了隐私设计的框架，提出了三个核心原则：通过设计保护隐私，简化选择和透明度。

2019年4月，英国信息专员办公室（UK's Information Commissioner's Office，简称ICO）发布了《年龄适宜设计：网络在线服务行为守则》（Age Appropriate Design: A Code of practices for online service，简称《守则》）草案文件，《守则》对在线服务提出了要求，要求在线服务商设计保障措施，以确保这些保障措施适合儿童使用，为符合儿童的发展需要，提供实用指引并将隐私设计理论运用在了未成年人互联网隐私保护中。

《守则》在2020年9月正式通过，于2021年正式生效。ICO指出，《守则》并非新的法律，而是对GDPR中儿童如何更好地使用数字服务进行了详细解释并设立了标准[1]，但是一旦违反《守则》，将会受到如GDPR中一样的严重惩罚，如禁止再次进行数据处理或者缴纳一个公司全球收入的4%的罚款。[2]

《守则》草案涵盖英国《2018年数据保护法》提出的16项标准的实用指引。分别为儿童利益最大化（Best interests of the child）：优先考虑儿童利益最大化；年龄适宜程序（Age-appropriate application）：充分考虑不同年龄段的儿童需求；透明性（Transparency）：用儿童能够听懂的语言明白个人信息将被用到何处；不得有害利用信息（Detrimental use of data）：不能将儿童的数据运用到危害儿童健康成长的地方，不得与社区行为法则和政府建议相悖；政策和社区标准（Polices and community standards）：在线服务提供者要有自己的服务准则，包括隐私政策、年龄限制、行为准则和内容政策；出厂设置

---

[1] ICO.Age appropriate design: a code of practice for online services［EB/OL］.［2022-03-05］. https://ico.org.uk/for-organisations/guide-to-data-protection/ico-codes-of-practice/age-appropriate-design-a-code-of-practice-for-online-services/.

[2] LOMAS N. UK watchdog sets out "age appropriate" design code for online service to keep kids' privacy safe［EB/OL］.（2020-01-22）［2020-01-29］.https://techcrunch.com/2020/01/22/uk-watchdog-sets-out-age-appropriate-design-code-for-online-services-to-keep-kids-privacy-safe/.

（Default settings）：必须为隐私保护级别最高；减少数据使用（Data minimisation）：收集及保留最少的个人资料，以提供儿童积极并有意参与的服务项目；数据分享（data sharing）：不要泄露未成年人数据，儿童利益最大化先行；地理位置（Geolocation）：地理位置以及位置对他人可见必须默认关闭，一旦要打开必须明示儿童。父母控制（Parental controls）：如果提供父母控制服务，必须明示未成年人。如果父母对未成年人进行监视，追踪地理定位，必须明示未成年人。儿童画像（profiling）：默认关闭，除非为了保护儿童远离有害影响。助推技术（Nudge techniques）：不用引导儿童提供不必要的个人数据，来削弱或者关闭他们的隐私保护，或者延长他们的使用。连接游戏和设备（Connected toys and devices）：如果提供这种服务，请保证包含有效的工具来遵守《守则》；在线工具（Online tools）：提供有效和可用的工具来帮助未成年人实现数据隐私保护和发送担忧。数据保护影响评估（Data protection impact assessments，简称DPIA）：根据不同的年龄、能力和发展需要，进行DPIA（一种评估数据保护影响能力的系统）评估，评估和减轻可能使用您服务的儿童的风险。监管与问责制（Governance and accountablility）：确保在线服务有适当的政策和程序来证明如何遵守数据保护义务，包括为所有参与设计和开发儿童可能访问的在线服务的工作人员提供数据保护培训。确保政策、程序和服务条款符合本《守则》的规定。[①] 2020年正式通过后的《守则》为15条，去掉了监管与问责制，并将数据保护影响评估从原来的第15条放到了第2条的重要位置。

《守则》有以下四个亮点，第一，对于"在线服务"的界定，需要满足三个条件：一是提供在线产品或者服务，包括应用程序、项目、网站、游戏、社区环境、连接游戏设备（无论是否带有屏幕）；二是处理儿童数据；三是可能被英国的儿童访问（are likely to be accessed by children）。既非美国式的"directed at children"的网站要求，也不是欧盟含混的"service to children"，

[①] ICO. Age appropriate design: a code of practice for online services[EB/OL].(2020-01-22)[2020-01-29].https://ico.org.uk/media/about-the-ico/consultations/2614762/age-appropriate-design-code-for-public-consultation.pdf.

避免了在线服务者认为自己不是专门针对儿童的网站,不需要遵守相关法律的狡辩。"可能被儿童访问"的标准,相较于美国的"directed at children"范围要更广泛,相较于欧盟的"service to children"又更为明确,更有利于儿童数据的保护。这样像YouTube、Facebook、Instagram的网站,虽然不是专门针对未成年人的网站,但是仍然有大量的13岁以下未成年人访问,也要遵守《守则》的规定。

第二,真正落实了"儿童利益最大化"原则,并进行了实践。"儿童利益最大化"原则是将有关儿童的一切行动为首要考虑。它旨在尊重父母的权利和义务,以及儿童不断发展的自主选择能力。《守则》在保护未成年人数据、隐私安全的同时,还要保障未成年人的其他权利,包括:言论自由;思想、良心和宗教自由;结社自由;隐私;从媒体获得信息(适当保护其免受对其健康造成有害的信息和物质伤害);玩耍及参与适合其年龄的娱乐活动;防止经济、性或其他形式的剥削。

第三,在父母威权和未成年子女隐私保护方面做出了平衡:一方面,《守则》将责任压到网络服务提供者身上,让他们确保服务适合儿童的年龄,将儿童利益作为首要考虑原则;另一方面,《守则》支持父母对于未成年子女的监管,但是要求父母尊重未成年人的权利,并支持父母或年龄较大的孩子(在适当的情况下)做出符合孩子最大利益的选择。

第四,对隐私设计理念的一次有益尝试,比如,出厂设置隐私最高级别,根据未成年人年龄设置不同的隐私需求标准,独立位置默认关闭等,都符合隐私设计理论中的"主动而非被动",默认出厂设置最高级别隐私保护,事前预防而非事后补救等理念。尤其是父母监管这一部分,父母在监视未成年人的同时,还需要提醒未成年人,显示了对于未成年人的尊重和理解,符合隐私设计理论中的"尊重用户隐私"的理念。

二、情境脉络完整性理论

情境脉络完整性(Contextual integrity)理论是由学者海伦·尼森海姆提

出的，中文译名尚无定论，也有学者翻译为"场景公正性"。与传统的隐私理念二分法不同，情境脉络完整性理论抛开了敏感和非敏感信息、私人场所和公共场所、政府和私人的相关理论，更加强调信息的自由流动（a free flow of information）。情境脉络完整性理论认为人生活在多种情境当中，不同的社会情境有不同的行为规范，个人对不同情境下的信息控制需求不同，比如，在医院环境下，病人向医生吐露病情，但是绝对不会在工作场所谈论自己的详细病症。

个人感到隐私受到侵犯是基于两个原则，任一原则无法满足就会导致隐私受到侵犯。一是适当性原则（norms of appropriateness），即在某个情境中，公布个人某些信息是否适当。比如，与银行经理分享自己的财务信息，但是不会跟不熟的网友或者刚认识的朋友分享这些信息。二是信息的传播原则（norms of distribution），是指对信息流通的条件和限制进行规制，在什么情境下，信息可以传播。例如，某人将个人照片传递给朋友，但是朋友将照片上传到了网络上，引起大量网友前来观看、评论，这就不符合信息合理流动的要求，造成了隐私困扰。情境脉络完整性理论认为，隐私保护并非保护公民对信息控制的权利，也不是保护个人信息的权利，而是保证"个人信息适宜地流动的权利"（appropriate flow of personal information）。

为了保证信息的合理流通，有五个要件，分别为信息主体（subject）、信息发送人（sender）、信息接受者（recipient）、信息种类（information types）和信息传输原则（transmission priciples）。[①] 情境脉络完整性理论的优势在于可以解决传统理论应用时存在的一些问题，比如，如果按照传统的信息自决权理论来看的话，公开个人资料并允许他人使用则视为自愿放弃了相关的隐私权利。但是在情境脉络完整性理论下，隐私保护是在保护特定情境下信息的合理流动，并不会因为信息分享、暴露或者控制的削弱而有所变化。[②] 在遵

[①] 王苑.中国未成年人互联网网络个人信息保护的立法进路：对"监护人或家长同意"机制的反思［J］.西安交通大学学报（社会科学版），2019（6）：137.

[②] 倪蕴帷.隐私权在美国法中的理论演进与概念重构：基于情境脉络完整性理论的分析及其对中国法的启示［J］.政治与法律，2019（10）：156.

循大数据环境信息流转的前提下，不采用"堵"的方式，而是在信息流动的过程中设立"把关人"。

情境脉络完整性理论已被美国《2015年消费者隐私权法案》所启用，有专门的一节单独解释尊重情境（respect for context）。在2018年提出的《互联网权利法案》中，个人信息也被要求按照情境适当的方式（context appropriate）进行收集和利用。[1]在欧盟GDPR中，情境脉络完整性理论也被运用到检验规则正当性和有效性上。[2]

三、两种理论综合运用优势

（一）从源头开始保护未成年人互联网隐私

随着互联网技术的发展，信息技术产品将会以各种形式更为紧密地进入未成年人的生活中，通过隐私设计的理念，将产品设计人纳入未成年人互联网隐私保护的责任主体中。让产品在设计之初，就考虑到未成年人互联网隐私保护的问题，并覆盖产品的整个生命周期，尤其是专门针对未成年人的互联网产品，能够提高互联网企业的责任意识，更好地对未成年人互联网隐私进行保护。

（二）避免了传统的"二分法"保护方式

随着互联网的进一步发展，传统的"私域"和"公域"的界限越来越模糊，而情境脉络完整性理论打破了传统的隐私权保护二分法的方式。而是从另一个视角来定义隐私，即根据情境的构建，保障信息流畅传播，更适合现

---

[1] SWISHER K. Introducing the Internet Bill of Rights [EB/OL].(2018-10-04)[2020-02-07]. https://www.nytimes.com/2018/10/04/opinion/ro-khanna-internet-bill-of-rights.html.

[2] GUINCHARD, AUDREY. Taking Proportionality Seriously: The Use of Contextual Integrity for a More Informed and Transparent Analysis in EU Data Protection Law [J]. European Law Journal, 2018: 434-457.

代场景化传播以及智能传播时代。情境脉络完整性理论不再以割裂信息流通的方式来保护未成年人，而是保证信息的完整流通。相较于成年人，未成年人的情境环境更为单纯，主要是学校和家庭等，也为情境脉络完整性理论的实现提供了可能。

（三）更好地解释和平衡权利矛盾

情境脉络完整性理论能够更好地解释和平衡未成年人隐私权与表达自由以及未成年子女隐私与父母威权之间的矛盾。

如果从情境脉络完整性理论来看，只要违背了"规范适当性原则"（norm of appropriateness）和"规范传递原则"（norm of distribution）两个原则中的任何一个，就侵犯了未成年人隐私，并不因为个人是否主动将信息发布到公共领域而有任何区别。情境脉络完整性理论对于传播情境进行限制，这样的评判标准更加灵活温和，更具有选择性，对于未成年人也更为友好，即便未成年人本身对于自身信息的控制能力不强，也不具有足够的预见能力，并不能明确知晓一旦信息泄露对自己人生造成的后果，但是如果不符合两个原则中的任何一个，都可以认定为侵犯了未成年人隐私，可以在一定范围内平衡未成年人表达自由和隐私。

从未成年子女与父母威权之间的矛盾来看。首先判定信息传播的场景，未成年子女的私密照片只适合传播在父母及子女亲密的家人情境下，一旦超出这个情境，进入其他情境，例如父母的社交媒体上，就无法遵守规范适当性原则。其次传播范围只限于亲密家人，对于子女来说这些内容非常私密，一旦传播范围超出亲密家人的范畴，就违反了规范传播原则。父母将未成年子女的隐私照片放在自己的社交媒体上，传播范围一定大于亲密家人的范畴。根据情境脉络完整性理论，违反任一规则即会造成隐私侵犯，所以父母将未成年子女的私密照片挂在自己的社交媒体上一定是侵犯子女隐私的。

父母在线晒娃，从情理的角度来看，父母无法理解为什么将未成年子女的照片放置到社交媒体上，是一种侵犯未成年子女隐私的行为，甚至认为自己的行为并没有对孩子造成伤害，有的家长认为这是一种显示亲密的方式。

尽管意大利和葡萄牙都有了司法判例，但是，不是所有国家都会利用法律来解决这个问题。从情境脉络完整性理论的框架下解释，父母的这种行为确实打破了信息流动的规律，对于未成年子女的隐私造成了侵犯，也伤害了他们的情感。

当然，并不是说情境脉络完整性理论就是万能理论，其实该理论在实践过程中仍然存在一些问题，比如，如何定义情境，不同的国家、不同的风俗习惯，情境的限度在哪里，仍然是要思考和结合具体实践解决的问题。

第六章　对中国未成年人互联网
　　　　隐私保护的对策建议

根据 CNNIC 2021 年 12 月发布的第 49 次《中国互联网络发展状况统计报告》显示，截止到 2021 年 12 月，我国网民总数达到 10.32 亿，19 岁以下网民人数占总体网民人数的 17.6%，我国 19 岁以下网民人数达到了 1.65 亿。2020 年 CNNIC 与共青团中央维护青少年权益部共同发布的《2020 年全国未成年人互联网使用情况研究报告》显示，未成年人互联网普及率达到 94%。面对如此庞大的未成年网民群体，如何保护他们的互联网隐私，保护他们免受网络不良信息的侵害，健康成长；如何针对中国具体实践，批判性地吸取美国和欧盟互联网隐私保护经验与教训；如何更好地落实和协调各个主体之间的关系，调动各个主体的积极性，则是中国未成年人互联网隐私保护中不得不面对和解决的问题。

第一节　中国对未成年人互联网隐私保护现状

未成年人互联网隐私保护问题由来已久，在全世界各国都是难点、重点。随着我国互联网产业的快速发展，未成年人互联网隐私保护也应当获得更多的重视，网络运营者对于未成年人隐私特殊保护需求的忽视[①]，以及由于

---

① 付新华.大数据时代儿童数据法律保护的困境及其应对：兼评欧盟《一般数据保护条例》的相关规定[J].暨南学报（哲学社会科学版），2018（12）：85.

缺少隐私保护教育，家长及未成年人自身对于隐私保护的忽视等问题，都造成了当前我国未成年人隐私保护亟须关注的现状。目前我国未成年人隐私主要来自两个方面的威胁：一是来自商业网络或者应用程序以及穿戴设备等对于未成年人信息的收集和泄露。这类网站大致可以分为两类，一类是娱乐类网站或者应用程序，如游戏网站王者荣耀，社交网站微信、QQ，直播网站斗鱼、Bilibili等；另一类是学习类网站或者应用程序。随着2020年新冠肺炎疫情的肆虐，网课成为未成年人学习生活中必不可少的一部分，一些网站①和手机应用程序成为未成年人最熟悉的应用软件，根据调查显示，一些网站悄悄收集未成年人信息，并推送广告。二是学校和家庭对于未成年人互联网隐私造成的威胁。2017年因教师操作失误，某平台上出现了好几个高中、初中甚至小学课堂被网络直播的事件，网友不仅可以观看直播，还可以评论。②一些学校、教师因缺乏保护未成年人隐私的意识，而对未成年人的隐私权利造成了侵害。在家庭中，由于过度晒娃而导致孩子被绑架等危及人身安全的事件并不少见。我国的未成年人互联网隐私保护，既面临着传统的商业网站基于利益而收集未成年人隐私的风险，又面临着缺乏隐私保护意识的父母和老师、学校的威胁。

近年来，中国对于未成年人互联网隐私及个人信息的保护立法力度不断加强，虽然中国互联网事业起步较晚，但是仍然在不断完善，不断推动未成年人互联网隐私保护。2019年中国互联网信息办公室推出了《儿童个人信息网络保护规定》，是中国第一部未成年人互联网隐私及个人信息的专门立法，填补了法律空白，为中国未成年人互联网隐私及数据保护迈出了重要一步，推进了未成年人互联网隐私保护的进程。2020年《中华人民共和国民法典》

---

① 根据工业和信息化部关于电信服务质量的通告（2019年第2号）文件显示，2019年一季度，工业和信息化部组织对100家互联网企业106项互联网服务进行抽查，发现18家互联网企业存在未公示用户个人信息收集使用规则、未告知查询更正信息的渠道、未提供账号注销服务等问题。其中包括未成年人使用较多的学而思网校。

② 新华网.全国多地中小学教室画面被直播　被指侵犯学生隐私权［EB/OL］.（2017-03-11）［2020-01-12］. http://www.xinhuanet.com//2017-03/11/c_1120608182.htm.

正式发布，同年《未成年人保护法》进行了修订，都为未成年人互联网隐私及个人信息保护提供了强有力的法律依据。2021年《个人信息保护法》正式通过，进一步强化了未成年人个人信息保护。

一、中国未成年人隐私保护相关立法

中国于1982年施行的《中华人民共和国民事诉讼法（试行）》首次提出了"隐私"的概念。该法第58条和第103条[①]都提出了"隐私"的概念，此时的"隐私"概念为现代法律概念，并非中国传统的"阴私"概念。有学者认为，该法的出现"在中国隐私保护史上是里程碑般的存在"。1986年《中华人民共和国民法通则》通过，将人身权作为独立的民事权利，与其他基本民事权利并列，此举显示了中国对"人身权"的高度重视，但并没有提到隐私权的保护。直到1988年最高人民法院颁布了《最高人民法院关于贯彻执行〈中华人民共和国民法通则〉若干问题的意见（试行）》（简称《民通意见》），《民通意见》首次涉及了司法意义上的隐私保护问题，被视为中国隐私权保护制度的重要发展。[②]但在一段时间内，在中国民事法律中将"隐私"归于"名誉权"中进行保护，并不作为独立的人格权进行单独保护，直到2009年的《侵权责任法》才将隐私权从名誉权中独立出来。

虽然中国隐私和个人信息保护立法起步相对较晚，近年来立法进程的不断加速，隐私和个人信息保护立法基本框架已经形成。据统计，目前中国有近40部法律、30余部法规以及近200部规章涉及隐私和个人信息保护[③]。早在2009年，刑法修正案（七）第七条就对非法窃取、出售、泄露个人信息的行

---

① 该法第58条规定："人民法院对于涉及国家机密或者个人隐私的证据应当保密。需要向当事人出示的，不得在公开开庭时进行。"第103条规定："人民法院审理民事案件，除涉及国家机密，个人隐私或者法律另有规定的以外，一律公开进行。"

② 该法第140条规定："以书面、口头等形式宣扬他人的隐私，或者捏造事实公然丑化他人人格，以及用侮辱、诽谤等方式损害他人名誉，造成一定影响的，应当认定为侵害公民名誉权的行为。"

③ 周宵鹏.个人信息保护立法可期 [J].浙江人大，2019(1)：63.

为作出规定。2014年的刑法修正案（九）还规定了侵犯公民信息罪。2012年全国人大通过了《关于加强网络信息保护的决定》，首次以法律的形式明确规定保护公民个人电子信息。[①]2013年，针对层出不穷的电信诈骗，工业和信息化部出台了《电信和互联网用户个人信息保护规定》。

2016年出台的《网络安全法》不仅将个人信息保护纳入网络安全保护的范畴，还明确了个人信息保护相关主体的法律责任。2017年，中国最高人民法院和最高人民检察院《关于办理侵犯公民个人信息刑事案件适用法律若干问题的解释》开始施行，界定了公民个人信息范围，明确了"情节严重"的标准，促使司法标准更为统一。2016年最新通过的《民法总则》中，赋予隐私权独立的人格权地位，2018年，《个人信息保护法》被列入十三届全国人大常委会立法规划。同年，公安部发布《互联网个人信息安全保护指引（征求意见稿）》，指导互联网企业建立健全公民个人信息安全保护管理制度和技术措施，有效防范侵犯公民个人信息违法行为，保障网络信息安全和公民合法权益。2020年，《中华人民共和国民法典》正式通过，在人格权编中将个人信息和隐私区别保护，对个人信息和隐私的概念进一步明晰，形成了"个人信息—隐私"的二元保护体系。2021年，我国的《个人信息保护法》正式通过，该法是我国首部专门关于个人信息保护的法律条款，以应对当前智能传播环境下大数据杀熟、个人信息过度收集、人脸识别等问题，具有划时代的重要意义。

在未成年人互联网隐私保护方面，2015年，中华人民共和国国家互联网信息办公室发布的《关于进一步加强对网上未成年人犯罪和欺凌事件报道管理的通知》对网上涉及未成年人犯罪和欺凌事件报道作出严格要求。如网站不得在首页及新闻频道要闻位置登载未成年人犯罪和欺凌事件报道，不得在博客、微博、论坛、贴吧、弹窗、导航、搜索引擎等位置推荐相关报道，不得制作专题或集纳相关报道。不得披露未成年人的姓名、住所、照片及可能推断出该未成年人的资料。不得披露未成年人的个人信息，避免对未成年人造成二次伤害。

[①] 郭少青，陈家喜.中国互联网立法发展二十年：回顾、成就与反思[J].社会科学战线，2017（6）：217.

2019年8月22日，由中华人民共和国国家互联网信息办公室发布的《儿童个人信息网络保护规定》通过，并于10月1日起正式实施，针对中国境内不满十四岁儿童的个人信息收集、存储、使用、转移、披露等进行规范。这是中国首部专门针对未成年人网络隐私的保护立法，具有重要的实践意义，为中国以后未成年人互联网保护提供了样本。

2019年12月20日，中华人民共和国国家互联网信息办公室颁布了《网络信息内容生态治理规定》，该规定第7条、第11条、第13条[①]都提到了未成年人的互联网保护，要求网络信息服务提供者防范未成年人不良行为，并鼓励网络信息服务提供者开发适合未成年人使用的模式、网络产品和服务，以保证未成年人身心健康。

2020年，《中华人民共和国民法典》正式通过，其中第六章明确提出了对公民隐私和个人信息的保护。同年，我国《未成年人保护法》进行修订，增加了第五章网络保护，明确提出了对未成年人隐私和个人信息的保护。

2021年，我国《个人信息保护法》正式通过，其中，第28条规定，不满十四岁的未成年人个人信息属于敏感个人信息；第31条规定，处理十四岁以下未成年人个人信息的，必须取得其父母或者其他监护人的同意，且处理者应当制定专门的个人信息处理规则。

2022年，中华人民共和国国家互联网信息办公室发布了《未成年人网络保护条例（征求意见稿）》，对于未成年人个人信息保护进行了更为严格、详尽、具体的规定，征求意见稿专门设立了一章对未成年人个人信息保护的基本原则和措施进行规定，并对网络服务提供者、个人信息处理者等提出了更为具体的要求，如建立网络投诉、举报渠道，接受公众监督，面对个人信息泄露的应急预案，补救措施等。

在此之前，中国对于未成年人隐私保护的法律散见于多个法律法规中。例如《民法总则》《网络安全法》《未成年人保护法》《预防未成年人犯罪法》等法律法规。2019年5月31日，中华人民共和国国家互联网信息办公室最新

---

① 中华人民共和国国家互联网信息办公室.网络信息内容生态治理规定［EB/OL］.（2019-12-20）［2020-02-07］.http://www.cac.gov.cn/2019-12/20/c_1578375159509309.htm.

推出的《儿童个人信息网络保护规定（征求意见稿）》，要求网络服务提供商收集、使用儿童信息需要征得儿童父母的同意。平台要设立信息保护专员或者指定专人负责儿童个人信息保护。适用于儿童的用户协议应当简洁、易懂等。除了立法外，中国行政机关也设立了很多保护未成年人健康成长，免受网络不良信息侵扰的政策，如2018年八部委联合印发的《综合防控儿童青少年近视实施方案》，则要求对网络游戏数量进行控制，控制上网时间等。

《儿童个人信息网络保护规定》（简称《规定》）是中国首部未成年人互联网隐私和信息保护法规，具有重要的划时代的意义，填补了中国多年来在未成年人互联网隐私保护方面的立法空白，是中国第一部专门保护未成年人互联网隐私及数据的法律法规，是《网络安全法》的补充和延伸，为之后保护未成年人互联网隐私和个人信息提供了经验。

《规定》是"儿童权利最大化原则"在中国的一次重要实践，从法律层面强调了儿童信息保护的重要性，授予了14岁以下儿童对个人信息的知情权、删除权及其监护人的同意权等权利，对使用期限和第三方使用提出了详细要求。《规定》明确了网络服务运营商的责任，对网络运营者的权利进行了规范和限制。《规定》对于网络服务运营商的界定非常清晰，其第3条规定"在中华人民共和国境内通过网络从事收集、存储、使用、转移、披露儿童个人信息等活动，适用本规定。"美国COPPA对于网络服务运营商的界定为以营利为目的，专门针对未成年人的网站、App、网络服务等。有一些网站如YouTube，并不专门针对未成年人，但是仍然在未成年人中有着重大影响，这样的网站会狡辩其不需要遵守COPPA。《规定》直接抓住了网络服务运营商的本质，避免了产生歧义。《规定》要求网络服务运营商在信息收集前要设立专门的儿童信息管理专员和用户协议，要获得儿童监护人的同意，实行"最小存储""最小访问"原则，必须达到安全存储，第三方使用要进行评估等。《规定》对儿童信息保护有明确要求，有落实办法，有投诉，有举报，有监督，有明晰的救济途径，形成了一套完整的、系统的儿童信息保护流程。

《规定》强调了监护人的责任，强调了监护人抚养、教育、引导儿童提升个人信息保护的意识和能力。将儿童信息保护的各方主体重新连接起来，让网络运营商（担负责任）、父母（监护职责）、社会个人或者组织（监督），都参与到儿童互联网信息保护中，各司其职，来保护未成年人互联网隐私。

二、行业自律规范中未成年人互联网隐私保护内容及机制

（一）行业自律组织的建立和发展

20世纪初，随着中国互联网产业的发展，为了更好地推动中国互联网行业自律，2001年中国互联网行业协会建立。由国内从事互联网行业的网络运营商、服务提供商、设备制造商、系统集成商以及科研和教育机构等70多家互联网从业者共同发起成立，是由中国互联网行业及与互联网相关的企事业单位自愿结成的行业性的全国性的非营利性的社会组织，现有会员1000多个。[①]2002年，在中国网络行业协会牵头下制定了《中国互联网行业自律公约》（简称《自律公约》），包括网络内容治理、营造文明的网络环境、引导青少年健康上网等方面，积极推进行业自律，创造良好的行业发展环境。这标志着中国第一部互联网行业自律公约正式出台。[②]《自律公约》之后，在中国互联网行业协会的牵头组织下，自2003年至2013年签订了20个自律公约，包括禁止传播淫秽色情等不良信息、版权自律、文明上网、抵制恶意软件等内容。自2007年的《博客服务自律公约》[③]开始，之后几乎所有公约都将保护信息安全写入了相关条款中，并不断强化。在推进未成年人互联网保护方面，中国互联网行业协会不断开展未成年人互联网保护相关研讨，并制定《关于未成年人有害信息防治体系建设框架》等重要文件，积极开发相关技术手段保证未成年人能够健康科学上网。

---

① 中国互联网行业协会.协会简介［EB/OL］.（2021-09-09）［2022-02-07］. http://www.isc.org.cn/xhgk/xhjj/.
② 新华社.3月26日：《中国互联网行业自律公约》签署［EB/OL］.（2010-03-26）［2020-02-07］. http://www.gov.cn/lssdjt/content_1565171.htm.
③ 《博客服务自律公约》第6条第3款：健全的博客信息安全保障措施，包括用户注册流程、用户信息保密措施、博客内容信息安全保障措施等。

（二）软件和系统的开发

在政府的引导之下，中国互联网企业行业自律逐年向好的方向前进。尤其以腾讯、今日头条等为代表的行业领军企业，为互联网企业规则的制定奠定了良好基础。中国企业受到政策影响较大，在未成年人互联网保护方面，预防未成年人沉迷网络的力度要大于保护未成年人互联网隐私。

早在2011年，完美时空、腾讯、盛大游戏、网易、搜狐畅游、巨人网络六家网络游戏企业共同发起并参与实施了"网络游戏未成年人家长监护工程"，来监控未成年子女的游戏账号。之后因游戏王者荣耀引发大量争议，腾讯、网易等网络游戏公司又开发了成长守护成长平台，让监护人更好地监控未成年人游戏，避免长时间沉迷游戏和过分打赏；之后抖音、快手等短视频软件开发了"亲子平台"、时间锁、青少年模式等。都从家长控制、时间控制、支付控制几个方面防止未成年人沉迷于网络，但是有一个问题也显露出来，就是防沉迷的基础建立于大量的信息收集基础之上。以腾讯为例，要注册成长守护平台，需要实名认证，父母及未成年子女都要提供大量的个人真实数据（包括身份证、户口本等核心信息）才能绑定，这相当于向腾讯提供了大量的个人数据，而这种数据一旦被泄露，在现实生活中造成的伤害不可想象。防沉迷的初衷是好的，但是以收集父母及其未成年子女核心信息为基础，存在极大风险。

（三）网络平台未成年人隐私保护条款的设立

不仅如此，在中国2019年10月1日开始实施《儿童个人信息网络保护规定》（简称《规定》）之后，大部分网站都更新了自己的隐私条款，基本内容都包括《规定》中提到的收集未成年人信息的目的、处理方式、处理期限等内容，尤其游戏类网站反应最为迅速。

网络游戏公司腾讯、网易和完美世界都根据《规定》的要求建立专门的未成年人隐私保护条款和信息保护规定，也在隐私条款中都提到了获得父母同意，才能对未成年人信息进行收集。但是在如何获得父母同意方面，三方都要求监护人提供手机号码或者电子邮箱,完美世界还会收集身份证信息和姓名[1],网易特别提出"您(监护人)于线上点击同意本政策,或者您的孩子使用或继续使用网易服务、提交个人信息,都表示您同意我们按照本政策(包括更新版本)收集、使用、储存、分享、转让和披露您孩子的个人信息。"[2]腾讯和完美世界都没有写出明确的获得父母同意的方法,只是以一种告知的方式,让监护人知晓。在短视频类网站中,截止到2020年2月4日,抖音并没有在2019年10月1日之后更新隐私条款。而在抖音亲子平台服务协议中,对于父母同意的条款,"您使用本服务即视为您已阅读并同意签署本协议"[3]。

除以上游戏类及在未成年人中较为流行的短视频软件外,还有一种网站,是未成年人每天必须要接触的,即作业类、课业辅导类网站。中小学生运用较多的软件作业帮[4]于2019年12月12日更新了隐私条款,对于父母同意原则如何实现,作业帮在隐私条款里提出,"当您使用作业帮提供的任一服务时,即表示您的监护人已同意我们按照本隐私政策来收集、使用、存储和保护您的相关信息"[5]。通过以上网站的隐私保护条款内容可以看到一些问题。一是依然将未成年人隐私保护的责任推向了父母。在互联网企业的隐私条款中,对于父母同意这一项的执行情况还是延续以往的习惯,即要么不使用本服务,要么同意本服务收集信息,只要使用本服务,就意味着同意本服务收集信息。跟《规定》通过之前的强制性选择有什么区别呢?《规定》立法目的之一就是让父母成为未成年人互联网隐私及数据保护的一道"防火墙",由父母替未

---

[1] 完美世界.儿童隐私保护指引 [EB/OL].(2019-10-01)[2020-02-07].http://static.wanmei.com/passport/agreement/children.html.

[2] 网易.儿童个人信息保护规则及监护人须知 [EB/OL].(2019-12-10)[2020-02-07].http://gb.corp.163.com/gb/legal.html#etgrmain.

[3] 抖音.亲子平台服务协议 [EB/OL].(2019-12-31)[2020-02-07].https://www.douyin.com/guardian/.

[4] 截止到2019年7月1日,作业帮目前月活已突破1.2亿。作业帮.作业帮大事记 [EB/OL].(2019-07-01)[2020-02-07].https://www.zybang.com/question/index/homeabout.

[5] 作业帮.儿童用户隐私政策 [EB/OL].(2019-12-12)[2020-02-07].http://www.zybang.com/zuoyebang/xieyi/xieyi.html.

成年人把关，提升父母及网络企业保护未成年人隐私及数据的意识，进而提升整个社会对未成年人的保护。但是网站的隐私条款直接将责任推向了父母，推向了用户，很难让《规定》真正落实。二是没有统一的行业规范，各自为政。主要互联网公司并没有一个共同的保护未成年人互联网隐私的行业自律规范，都是由各个大型网络公司自己定夺，自己出台自己的标准，没有统一的规范。在2021年中国《个人信息保护法》通过之后，各大网站又对其隐私政策进行了新的修改。

如果没有政府立法推动的话，互联网行业很难真正落实未成年人互联网隐私的保护，企业对于未成年人互联网隐私保护意识并不强烈。当前中国行业自律对于未成年人互联网隐私保护方面仍有几个问题有待改进。一是过于"防沉迷"而忽略了隐私泄露的风险。存在为防止未成年人沉迷于网络游戏或者网络短视频，而过多收集父母及未成年人敏感信息的情况。二是行业仍然将未成年人隐私保护的责任推给父母。三是整个行业没有统一的行业自律规范和标准。

互联网行业自律有着机动灵活、在短时间内迅速回应用户需求、能够迅速针对市场、技术变化高效反应等优势。但是如果行业自律缺乏外部监管，只依靠自我监管的话，则很难进一步发挥作用。对于互联网企业来说，保护未成年人是互联网企业不得不承担的重大责任，只有做好了未成年人网络保护的工作，企业才能获得社会效益和经济效益的双丰收，形成双赢的态势。

三、中国未成年人互联网隐私保护相关案例

我国对于未成年人互联网隐私保护的相关司法判例确实不多，在查阅最高法近三年（2017—2019）来发布的保护未成年人的典型案例，针对未成年人互联网隐私相关的案例只有一例，即付某某诉某网络公司、某教育中心名誉权、隐私权纠纷案[1]。查阅北京互联网法院和上海互联网法院在网站上公开

---

[1] 中国法院网.付某某诉某网络公司、某教育中心名誉权、隐私权纠纷案［EB/OL］.（2018-06-01）［2020-02-07］.https://www.chinacourt.org/article/detail/2018/06/id/3324950.shtml.

的信息上，并没有找到未成年人个人隐私相关判例。这一时期对于未成年人互联网隐私和信息的典型性案例相对较少。虽然我国不是判例法国家，但是从大量的司法判例和事件中归纳总结提炼，寻找规律性的内容来为中国未成年人互联网隐私保护提供更确切的建议。

（一）人肉搜索相关案例

人肉搜索是非常典型的侵犯未成年人互联网隐私的行为，2019年国家互联网信息办公室颁布的《网络信息内容生态治理规定》明令禁止人肉搜索，在此之前，中国出现过很多由于网友人肉搜索而导致未成年人个人信息被公布在社交媒体上，造成极大伤害的事件。

2013年，某网友在埃及拍到精美壁画上被写上了"丁××到此一游"的字样，引发了热议。之后，网友进行了人肉搜索，找到了这名南京的中学生，公布其出生年月日、家庭住址、学校及父母等信息。虽然事后该学生父母进行了道歉，但是网友的愤怒并没有停歇，反而黑掉了该学生的学校官网。不仅对丁某造成了严重的影响，也给其学校造成了困扰。

2013年广东某服装店店主认为某中学生偷盗其店内服装，将监控截图发布在网上，请求网友人肉截图中的"小偷"。经过网友的共同努力，该学生的姓名、学校、家庭住址等信息被发布在网上。网友对该名学生大肆辱骂，最终导致该名学生跳河自杀。但是，事后经警方调查，该名学生并没有偷盗店内衣服。最终该店主赔偿该中学生父母15万元，并因侮辱罪被判入狱一年。

当然，相关的案例还有很多，如"很黄很暴力事件"[①]"大连拎包案"[②]等，

---

① 2007年，央视播出《净化网络视听环境迫在眉睫》的新闻中，一名北京13岁的小学生接受采访，她说："上次我查资料，突然蹦出一个窗口，很黄很暴力，我赶快给关了"，之后"很黄很暴力"这五个字被各大论坛迅速转载。有人甚至制作了色情漫画、图片和视频来影射这名小学生，并遭到了网民的人肉搜索，包括姓名、家庭住址在内的个人信息被搜索出来放到了网上。

② 2013年，某人将孩子的书包遗忘在游乐园，经查阅监控录像后发现，拎包者为一名带着一个三四岁孩子的女士。之后，他将自己的丢包经过和作案者母女的视频截图发在网上。之后，不仅其母遭到人肉搜索，甚至未成年女孩的个人信息也被曝光。

都造成了严重的后果，有的甚至付出了生命的代价。这两个事件的侵权客体非常明确，都是未成年人，而侵权主体非常模糊，不仅仅是服装店的老板，也包括众多网友，人肉搜索伴随着网络暴力，不仅伤害了未成年人的心理，也致使未成年人付出了宝贵的生命。

（二）学校、家庭对于未成年人互联网隐私保护意识的淡漠

1.学校教育

2017年，有网友发现某直播平台的教育分类中，可以看到不同学校学生上课的情况，包括高中、小学、幼儿园，有的还标注了学校的具体名称和班级，网友可以看到学生上课发呆、看书、吃东西等行为，还可以实时评论。有的直播平台无须密码，直接可以观看。从学校的角度来看，此种方式是可取的，学校认为这是与家长沟通的一种方式，能帮助提升教师的素质，有一些留守儿童的家长，可以通过直播的方式来看到自己的孩子。①学校认为，这并没有侵犯学生的隐私，安装摄像头也是在保证学生的安全。

2016年，四川德阳的一名幼儿园老师，在直播平台播出了未成年人上课、午休等高清画面，因被网友造谣不尊重儿童，被公安机关介入，而该老师认为其做法只是为了让更多的人了解幼师职业，并不是为了盈利。

这两个事件都没有走上司法诉讼程序，事件一的结果是直播平台被关闭，事件二的幼师被要求按照幼儿园方规章处理。网络直播，在未成年人尚不知晓的状态下，未经监护人允许，将未成年人的私人空间活动置于大众的视野之下，是对未成年人隐私的一种严重侵犯。虽然从学校和老师的角度出发，他们在主观上没有恶意，有的是为了未成年人安全着想，有的是为了让大众更加了解某个职业，但是从客观上来看，仍然是对未成年人隐私权的侵犯。

这两个事件比较典型地反映出一个非常现实的问题，隐私教育在中国是缺失的一环。这样导致的后果是，未成年人在这种环境下，既不知道自己享有隐私权，也不知道如何保护自己的隐私权，甚至自身权利被侵犯了也浑然

---

① 新华网.水滴平台回应课堂直播争议：密码只提供给家长［EB/OL］.（2017-04-29）［2020-02-07］.http://www.xinhuanet.com//fortune/2017-04/29/c_129581452.htm.

不知。作为现代互联网公民，一出生就伴随着互联网成长的新一代，隐私安全不仅仅涉及他们的网络安全，也涉及现实人身安全，知晓并保护自己的隐私权是现代网络公民必备的基本素质。

2. 家庭教育

2011年，南京一市民由于在微博上发布了大量关于自己的孩子上小学的个人信息，包括照片、就读学校、班级信息、家庭住址等内容，导致自己的孩子被人绑架，最终在警方的帮助下获救。不仅如此，还有家长喜欢在微信朋友圈上晒孩子的基本信息，而被拐卖。儿童组织发现，一些拐卖儿童的犯罪分子专门加家长微信，在线上留心其地理位置和个人特征，线下渗透到孩子活动的区域，进行拐骗。微信也好、微博也好，都是属于个人的社交媒体，当前微信和微博的隐私性能通过分组实现，但是家长并不能完全确定，加其微信的人的真实身份和真实目的。

在社交媒体上"晒娃"，对于国内外家长来说，都是很平常的，但是潜在的未成年人隐私的泄露，会导致绑架、拐卖儿童等风险出现。可以看到，家长在线上发布的未成年子女的信息很可能因暴露未成年人实时地理位置而导致线下的危险，家长应当提升未成年人隐私保护意识。

（三）人工智能环境下未成年人互联网隐私保护的隐患

人工智能时代的来临，对于个人信息、个人数据的分析越来越快速，也越来越方便，相应地，对于个人信息的收集也越来越容易、越来越隐蔽，甚至"你的大数据比你妈还了解你"。对于未成年人的信息是否有必要收集，收集之后如何保护、如何使用等问题都成为现代社会、国家不得不考虑的问题。

我国的"防沉迷"系统，在人工智能时代来临之前，收集个人信息的方式主要依靠邮寄或者复印件。在人工智能时代来临之后，开始进行人脸识别，来防止未成年人冒充成年人。2020年6月，全国最大的游戏公司——腾讯宣布正式升级未成年人保护措施：在对已实名未成年人"限玩、限充、宵禁"基础上，专门针对"孩子冒用家长身份信息绕过监管"的问题，扩大人脸识别技术应用范围,对疑似未成年人的用户进行甄别。[①]而中国61%的未成年人玩网络游戏,而最受未成年人欢迎的游戏中排名第一的就是腾讯的《和平精英》。一旦开通人脸识别,那么即将有大量的未成年人个人信息和数据被腾讯收集,如果腾讯采取了这样的方法,那么其他游戏公司是否会借鉴?海量的未成年人信息将被互联网公司掌握,这些公司又将如何保证未成年人个人信息的网络安全?前文提到了中国香港伟易达公司曾因为未成年人信息被黑客入侵才发现信息保护存在漏洞,之后被美国FTC惩罚,当前全球都面临着个人信息泄露的风险,大型互联网公司如何保护未成年人海量数据?不仅如此,互联网公司如何利用这些数据,是否存在着潜在的商业诱导,或者根据未成年人的大数据进行商业推送?如果这些网络公司在未来与国外公司兼并、重组,国外公司是否会接触到中国未成年人的网络信息,是否会威胁到中国的国家安全?未成年人个人隐私及信息保护从来都不是一个简单的问题,反而随着媒介技术的发展越发复杂。

人工智能时代的来临,对于未成年人互联网隐私保护的调整更为复杂多变,需要政府、互联网平台、学校和家庭的共同守护。

第二节　中国未成年人互联网隐私保护的建议对策

随着新技术的发展,未成年人互联网普及率不断提升,国家也越来越重视未成年人互联网隐私保护。本部分针对前文所提到的一些问题,提出建议对策,包括加强人文关怀,从法律、行业自律以及隐私教育几个方面展开,对于中国的未成年人互联网隐私保护提出有益建议。

前文中反复提到,当前互联网媒介环境下,未成年人与成年人的信息环

[①] 百度.腾讯扩大人脸识别应用范围 孩子想冒用大人身份玩游戏更困难[EB/OL].(2020-06-17)[2021-02-07]. https://baijiahao.baidu.com/s?id=16697298379275455 85&wfr=spider&for=pc.

境已经重新融合在一起，从美国、欧盟以及中国对于未成年人互联网隐私的保护方式上来看，都是努力将成年人与未成年人的信息环境进行分割，无论是"父母同意原则"还是青少年模式、家长守护平台，在本质上都是在阻断信息的流动，即用法律、政策和技术的手段来对抗互联网技术本身的特性。但是在当前互联网环境下，很难真正阻断信息的流动性，当前也有新的理论，从另一个角度即不对信息流进行阻断，允许信息流的正常流动，对不同场景下的信息流设定不同的规则，采取"疏"而非"堵"的方式来保护未成年人的隐私，同时联结各方主体共同参与保护，为中国未成年人互联网隐私保护提供新的路径。

一、重视人的价值和人的权利

欧美国家从文艺复兴、启蒙运动就开始注重人的价值和人的权利，在19世纪后开始注重儿童的价值和儿童的权利，随着儿童价值和权利理论的发展，儿童的特殊性在整个社会被不断强化，所以当互联网时代来临的时候，欧美国家对于未成年人互联网隐私保护也在进一步加强。

中国当前对未成年人互联网隐私的尊重和保护意识不强，需要重视人的价值和人的权利，去理解儿童的特殊性，重视儿童的价值和权利。从理念上有一个整体性的转变，才能更好地去理解和保护未成年人互联网隐私。理念性的改变，需要立足于国家发展规划的高度，渗透到各行各业，需要时间和宣传。

二、法律层面

（一）构建"自上而下"的"强保护"法律体系

前文提到美国和欧盟在未成年人互联网隐私保护中相关立法所采用的主要原则虽然相似，但是也体现出它们针对隐私权的不同的立法模式。美国采用的是"自下而上"的"弱保护"模式,从"父母同意"原则来看,美国要求收集13岁以下的未成年人隐私需要经过父母同意。在价值取向上,美国将表达自由置于隐私权保护之上,将14—18岁的未成年人交给市场行业自律来保护,同时保证他们的表达自由,当父母威权与未成年人隐私权出现冲突的时候,美国则采用相对缓和的方式来平衡。而欧盟采用的是"自下而上"的"强保护"模式,欧盟要求对16岁以下的未成年人个人信息进行严格保护(成员国可以自行选择保护年龄,但不能低于13岁),欧洲大陆国家将隐私权视为人格尊严的一部分,尊重人的价值,相较于表达自由,更加重视隐私权的保护,也体现在当父母威权与未成年人隐私权发生冲突时,部分成员国会采用司法手段来平衡,相对激烈。

就我国而言,2020年我国实施的民法典将人格权独立成篇,明确了隐私权定义及内涵。由此可以看到我国开始重视公民人格权,尤其是隐私权的立法保护。再从未成年人隐私权保护来看,2019年我国网信办发布了《儿童个人信息网络保护规定》,可以看到我国在努力建构"自上而下的强保护"的法律体系,来保证未成年人互联网隐私安全。2020年我国修订了《未成年人保护法》,专门增设了网络保护一章,来保护未成年人隐私和信息安全。2021年我国《个人信息保护法》正式实施,进一步加强了未成年人互联网隐私及个人信息保护,完善了未成年人网络保护体系。

但是仍有几个问题需要注意:一是可以借鉴美国和欧盟的经验,对未成年人互联网隐私分年龄保护。美国和欧盟在父母保护原则上选择的年龄不一样,也体现出不同年龄段的未成年人价值需求不同。13岁以下的未成年人尚不足以对网络世界做出正确判断,仍然需要政府和父母予以更多的关照。14—16岁的未成年人可能更多开始有了自我意识,尝试自我表达,可以适当减少父母的不必要的保护;16岁以上的未成年人可能更希望自我表达,可以给予未成年人更多的自由,而不是囿于父母威权。二是明确相应的法律概念范围。将美国和欧盟的立法原则对比,可以发现,虽然欧盟在GDPR中也规定了"父母同意"的核心原则,但是并没有规定监管的网站类别,执法范围进一步扩大,同时还没有规定父母可验证的同意方法,也为实践操作带来了问题。在"被遗忘"为核心的立法原则中,虽然美国加州也发布了类似欧盟"被遗忘权"的"橡皮擦"法案来保证未成年人隐私权,但是没有明确规定第三方网站如何处理需要擦除的未成年人隐私,也为该法实际应用带来了困难,最终该法没有在全美国通过。中国应当在立足本国基本实际的基础之上,有选择性地学习借鉴欧美地区的优秀法律成果,但要坚持"以我为主、为我所用、合理借鉴、认真辨别",有选择性地吸纳精华部分,摒弃糟粕内容。

(二)加快、加强立法弥补法律空白

中国互联网信息技术发展速度非常快,处于世界前列,由此引发的问题也逐渐为人所关注,近年来个人隐私和信息保护越来越受到重视,我国立法也观照了公众需求。笔者认为一是应加强以"被遗忘"为核心的未成年人隐私保护立法,虽然"被遗忘"立法在实践中有很多值得商榷的地方,如责任及法律界定等。从长远来看,随着信息技术的发展,个人隐私的需求会不断增加,"被遗忘"的权利势必会成为网络公民的基本权利。即便一直以"表达自由"为理由而拒绝全国吸纳"被遗忘权"的美国,也为未成年人开辟了这样一个独特的权利。中国也可以尝试专门针对未成年人的"被遗忘"的权利。当然,中国网民数量远远多于欧美国家,且网络活跃程度极高,施行儿童"被遗忘"相关立法,会面临更加错综复杂的问题,难以监管。对于未成年人的"被遗忘权"的设立仍然需要更多的考量。

二是父母威权与未成年子女隐私保护之间的平衡。从中国的立法来看,中国与欧美国家一样,选择了"父母同意"原则来保证未成年人的互联网隐私安全,前提是默认父母与未成年子女的隐私利益一致。但是,父母对于子女其实有双重属性,一方面父母是未成年子女的保护者,代为行使相应权利的监护人;另一方面父母又会在某种程度上侵犯未成年子女的隐私,甚至违背子女意愿,滥用其信息。是否可以如欧盟一些成员国家一样,对其父母进行起诉,或者寻求法律保护?在中国的法律实践中,子女可以"告"父母遗弃罪,大部分情况下,一般法律很少参与到家庭事务中,但是,如果未成年人真的因父母泄露其个人隐私信息而受到了伤害,无论是精神上的,抑或身

体上的，法律是否可以提供一个解决的办法？

（三）批判性地吸收美国和欧盟的经验教训

通过批判性地吸收美国和欧盟未成年人互联网隐私保护中的经验教训，可以找到适宜我国未成年人互联网隐私保护的最佳路径。

以"父母保护"原则为例，中国《儿童个人信息网络保护规定》（简称《规定》）第9条"监护人同意"，在征求意见稿中规定，"网络运营者……应征得监护人明示同意，明示同意应当具体、清楚、明确，基于自愿。"而在最后发布的《规定》中，去掉了"明示"二字，这就让"父母同意原则"的效力大打折扣，但是如果学习美国法律规定的明示方式，又会让中国网络服务运营商承担巨大的审核成本。根据美国COPPA的经验，对于一个中等网站来说，与每个孩子互动的话，每年最高需要10万美元花销。根据CNNIC最新的报告显示，截止到2021年12月，中国19岁以下的网民有1.65亿，如果每一个14岁以下的未成年人，网络运营商都按照COPPA的标准施行的话，会带来沉重的负担。但是，如果不明示父母的话，父母又如何知道哪些网站收集了未成年人信息，如何保护未成年人？所以，国外立法的经验可以学习，又要根据我国的具体情况来借鉴。

同时，也要避免国外法律存在的一些问题。同样以《规定》为例。《规定》与美国和欧盟对于未成年人在立法中面临同样的问题。一是"超龄"未成年人怎么办？中国对于未成年人年龄的界定是18周岁，而《规定》中保护的是14岁以下的未成年人，那么14岁以上的未成年人网络隐私及个人信息应当如何保护呢？行业自律也在不断发展，是否可以相对扩大保护年龄，来更好地保护未成年人互联网隐私保护。

（四）将新的保护理论运用到中国未成年人互联网隐私保护中

首先，中国可以运用"隐私设计"理论，对于未成年人互联网隐私不仅仅进行事后救济，而是在事前、事中就开始进行被保护。"隐私设计"理论强调的就是将"用户隐私利益最大化"，与"儿童利益最大化"理论不谋而合。

可以将系统开发人员纳入未成年人信息保护责任主体范围中。激励网络服务提供者，对其服务进行规制，并最大限度地保护未成年人互联网隐私，让网络产品实现"儿童利益最大化原则"，让隐私保护不再是事后的法律救济，而是贯穿产品的始终，让产品来实践隐私保护。如英国的《年龄适宜设计：网络在线服务行为守则》一样，要求相关网站出厂设计即为隐私保护级别最高，地理位置默认关闭，默认关闭资料归类等，使未成年人受到保护的同时，感受到足够的尊重和爱护。

其次，可以尝试将情境脉络完整性理论和隐私设计理论（Privacy by design in a contextual approach）同时运用到未成年人互联网隐私保护中，情境脉络完整性理论强调的是情境和信息的流动。强调不同的情境下，对于隐私期待有着不同的内涵，设立不同的"把关标准"，保证信息的有效流通。之所以运用在未成年人互联网隐私保护上，是因为未成年人的生活情境相较于成年人更为简单，主要是家庭和学校以及网络娱乐活动。如果在学校情境环境下，可以针对第三方学习应用软件，必须符合教育部或者其他部门的隐私规定，隐私设置为最高级别，禁止广告推送或者信息收集等，学校可以作为审查主体进行监督，一旦发现不符合规范就进行上报或者投诉。如果在家庭情境下，社交类软件的使用，可以要求软件对地理位置信息默认关闭，默认个人信息只对部分人开放等，由父母作为审查主体，对于不合格的软件进行投诉等。

将隐私设计与情境脉络完整性两种理论结合在一起，将保护未成年人互联网隐私的责任同时加之于网络服务运营商（主）与监护人（辅），能够带给未成年人更好的保护，更好地调动未成年人保护主体之间的积极性，形成全面、联动式的保护。随着技术的发展，人脸识别、大数据、5G越来越成为未成年人生活中随处可见的技术手段，生活越来越便捷的同时，个人信息的收集也越来越隐匿，个人隐私的暴露越来越容易。尤其对于未成年人来说，传统的截断成年人与未成年人信息环境的方法越来越受到各方的冲击，可以换一种思路，通过推动信息的持续流动，来保护未成年人互联网隐私和个人信息。

三、行业自律层面

一是推进政府与互联网企业的联合监管。互联网行业自律是保护未成年人非常重要而且极其关键的一环，互联网企业完全可以与政府合作，加强对于未成年人的互联网隐私保护。由互联网企业根据现实情况及法律规定，对互联网行业规范统一制定标准及大量软件技术开发，共同引导协助互联网企业及从业人员加强对于未成年人互联网隐私的保护，之后由政府进行监督，在政府进行互联网立法时给出相应的建议和意见，争取互联网行业权益的同时，平衡企业社会责任，与政府相互合作。由互联网行业订立相关的行业规范，相较于互联网立法，经济成本、时间成本要低很多，也迅速很多，能够综合反映网络用户、家长的需求。《儿童个人信息网络保护规定》第6条规定鼓励互联网行业组织指导推动网络运营者制定儿童个人信息保护的行业规范、行为准则等，加强行业自律，履行社会责任。也显示出政府积极推动互联网行业自律，加强行业自我监管的决心。

以网络游戏"防沉迷"为例，2017年腾讯游戏《王者荣耀》引发大量争议，腾讯公司开发了成长守护平台，方便家长监控未成年人游戏，减少未成年人上线时间。但是，要注册成长守护平台，需要实名认证，父母及未成年子女都要提供大量的个人真实数据，包括身份证、户口本等核心信息才能绑定，这相当于向腾讯提供了大量的个人信息。2020年，腾讯为了进一步"防沉迷"，将开设人脸识别，来认证未成年人用户和网络支付。而这些信息一旦被泄露，在现实生活中造成的伤害不可想象。这是以未成年子女及父母的隐私和数据安全来换取"防沉迷"，存在巨大风险。这个时候联合监管的价值就凸显出来，可以通过学界专家、学者、互联网从业人员的共同商讨来制定有效的政策，能够更好地平衡集中价值取向。

二是推动行业自律组织发挥更大作用。赋予行业协会组织更大的权利，例如行业监督与制裁的权利，一旦出现违反法律的行为，不仅在法律层面予以制裁，也要在行业中予以惩罚。当前中国互联网行业协会也在积极发挥作用，如联合业界开发适合未成年人的"绿色文化保护产品"，探讨并制定《网络运营者针对未成年人的有害信息防治体系建设框架》、连续多年举办个人信息保护论坛等，来推动未成年人互联网保护。又如首都互联网行业协会的妈妈陪审团，由孩子的妈妈组成团体，监督网络不良信息，来为未成年人成长保驾护航，妈妈不仅是未成年人的母亲，更是网民。行业自律组织与家长、网民共同联动，为未成年人的成长建立坚实厚重的"防火墙"。与此同时，可以学习美国建立权威性的行业自律机构，如TRUSTe、LLC等权威组织，根据不同的互联网行业类型，在不同的"情境"下实行不同的权威隐私保护证明，来引导互联网行业整体向着健康、有序的方向发展。

三是"隐私戳"和"安全港"原则的使用。授予行业内政府认可的行业自律组织，来推动"隐私戳"的发行，允许更多的企业参与进来，保证参与的企业能够有效保护未成年人互联网隐私，一旦出现问题，不仅接受法律的制裁，在行业内部也要接受惩罚。

四、公民媒介素养及隐私教育层面

增强全民的媒介素养及隐私保护意识刻不容缓，不单单是提升父母、互联网从业人员的媒介素养和隐私保护意识，而是在全民范围内全面提升。

媒介素养是开放的、多元的，时刻变化着的，对于未成年人来说，提升媒介素养教育的目的是增强其对于互联网环境复杂性的认识，提升处理互联网环境下应对可能发生事件的能力，进而参与互联网实践、加强互联网环境认知，加强互联网环境下表达、互动和实践。提升媒介素养的目的不是为了阻断未成年人接触互联网，而是为了让未成年人更好地参与、使用互联网。

在学校教育上，一是增加互联网隐私保护课程，根据不同学生的年龄制定不同的课程内容，教导学生如何保护自己的互联网隐私。二是从幼儿园或者小学开始逐渐教导。未成年人互联网隐私保护教育开始的时间越早越有助于未成年人提升隐私保护意识。瑞士在2019年试点从幼儿园开始教导未成年人保护自己的互联网隐私，以期能够更好地提升未成年人自己的保护意识。

三是加强对于学校老师、学校管理者未成年人互联网隐私保护的教育。老师和学校管理者都是未成年人的守护人,学校更要提升媒介素养,尤其要提升教师群体媒介素养及隐私保护意识,教师是直接面对未成年人的,提升教师的素质能更好地保护未成年人互联网隐私。课程要根据互联网环境的变化,不断更新。提升教育从业者对于未成年人互联网隐私保护意识,更能推动未成年人互联网隐私保护的发展。

在社会教育上,一方面是针对未成年人家长进行教育,而对于未成年人父母来说,更应当加强媒介素养及隐私保护教育,未成年人父母作为监护人有责任和义务保护未成年人,这不仅仅是伦理要求,更是法律要求,《未成年人保护法》《儿童个人信息网络保护规定》等法律法规都规定了父母对于未成年人有抚养教育的义务。要更好地履行法定监护教育职责,父母更要学习提升自己的媒介素养,提高保护自己及未成年子女隐私的意识。美国FTC和一些互联网公司会定期更新一些类似于父母保护未成年子女隐私的指南等。中国也可以借鉴和学习,政府及互联网企业可以出一些电子版的书籍,供父母学习和查阅。同时,互联网行业从业者也需要提升自身的媒介素养素质,中国的《网络安全法》等法律法规都要求网络运营商承担相应的保障个人信息和安全的义务以及培训专员管理未成年人信息等。另一方面互联网网民也要加强媒介素养及隐私保护教育,可以由网站提供相应的电子书籍或者视频,引导加强网民提高媒介素养。社会各个层面形成一股合力,才能为未成年人互联网隐私保护形成一个闭环,真正为未成年人的健康成长保驾护航。

结　语

未成年人互联网隐私保护是一个综合性的、复杂的、发展的问题，会随着传播技术的发展，不断涌现出新的问题，而对于未成年人互联网隐私保护的理念也在不断发展中。通过美国和欧盟及其成员国的经验，可以看到，未成年人互联网隐私保护需要政府、家庭、学校、社会的共同努力和参与。其中，法律监管是最重要且强有力的一环，而互联网企业的行业自律、家庭的保护、学校的教育以及来自整个社会的关爱，对于未成年人互联网隐私保护都是至关重要的。

未成年人互联网隐私保护问题只是未成年人在互联网环境下所面临的问题之一，未成年人还面临着不良信息侵扰、网络犯罪、网络暴力、网络色情、商业侵扰等问题。但是未成年人互联网隐私保护却是最基本的问题，关系到未成年人人身安全、基本权利的实现，也关乎一个家庭的幸福和国家未来的发展前途。

这个问题的关键是如何让脆弱、易受到互联网影响的未成年人，在家长、学校、社会和国家的帮助下，有效地保护自己隐私的同时，能够保证其人身安全、表达自由以及接近信息的自由。随着智能传播的发展，技术带来更多的便利，也带来越来越多隐私担忧，眼花缭乱的精准化营销背后是海量信息的富集，未成年人再也无法向印刷媒介时代一样，自然而然地与成人信息化界相分离。当前对于未成年人互联网隐私保护的主要思路仍然是利用政策、技术手段来分隔成年人与未成年人的信息场。实际上，互联网技术的核心规律是信息的流动，并非单纯依靠法律政策、技术即可截断流动，所以在对未成年人隐私进行保护的同时，也要正视这种规律，转换思路。在采用"堵"的方式的同时，顺应互联网的规律，从不同情境的角度出发，尊重信息适宜的流动，设立不同的信息流动准则，这样比"一刀切"的信息阻隔方法，能更好地保证未成年人各项权利的实现。

本文囿于作者时间、精力、水平有限，仍然存在很大的局限性，将在未来继续改进提升。当前国际上对于未成年人的互联网隐私保护有很多新的理念，如情境脉络完整性理论，以及隐私设计理论等，也都进行了司法实践，学者可以在这两个方面进一步深入挖掘，以期为中国未成年人互联网权益保护增添一份贡献。

参考文献

（一）学术期刊

[1] 张新宝.从隐私到个人信息：利益再衡量的理论与制度安排[J].互联网金融法律评论，2015（2）：16-21.

[2] 周杨，张忠.从抖音被罚案审视未成年人个人信息保护：基于合规视角[J].新产经，2019（4）：49-53.

[3] 刘清.中外未成年人网络隐私权保护比较研究[J].图书馆学刊，2018，40（6）：125-129.

[4] 黄晓林，张亚男，吴以源.共同打造儿童数字未来：欧美儿童信息保护对中国的借鉴[J].信息安全与通信保密，2018（8）：48-57.

[5] 韩旭.以儿童走失问题为例论互联网时代下网络传播对隐私安全的双面作用[J].新媒体研究，2018，4（14）：66-68.

[6] 苏文颖.未成年人信息和隐私的特殊保护[J].中国信息安全，2018（6）：68-71.

[7] 沈达.美国FTC处罚首例联网玩具侵犯儿童隐私案解读及启示[J].信息通信技术与政策，2018（6）：54-57.

[8] 傅宏宇.我国未成年人个人信息保护制度构建问题与解决对策[J].苏州大学学报（哲学社会科学版），2018，39（3）：81-89.

[9] 苏丽君.论行政法视野下儿童网络隐私权的保护：以《未成年人网络保护条例（草案）》为例[J].法制与经济，2017（7）：83-85+103.

［10］黄晓林，李妍.美国儿童网络隐私保护实践及对我国启示［J］.信息安全与通信保密，2017（4）：39-54.

［11］孙亚芹.我国儿童网络隐私保护研究［J］.广东广播电视大学学报，2008（1）：60-65.

［12］王鹏.未成年人网络隐私权保护的法理分析［J］.青年记者，2015（17）：86-87.

［13］王鹏.未成年人网络隐私权立法保护［J］.青年记者，2015（10）：79-80.

［14］白净，赵莲.中美儿童网络隐私保护研究［J］.新闻界，2014（4）：56-62.

［15］崔耀.对在线收集未成年人个人信息行为的法律规制［J］.法制博览（中旬刊），2013（9）：36-38+35.

［16］陈箐.我国未成年人网络隐私权保护［J］.西藏民族学院学报（哲学社会科学版），2013，34（4）：110-113.

［17］蒋玲，潘云涛.我国儿童网络隐私权的保护研究［J］.图书馆学研究，2012（17）：91-93+55.

［18］陈建新.儿童网络隐私保护不容忽视［J］.标准生活，2012（1）：62-63.

［19］冯超.浅谈未成年人网络隐私权的保护［J］.法制与社会，2009（17）：117-118.

［20］黄旭东，杨飞.未成年人网络隐私权的法律保护［J］.当代青年研究，2009（4）：31-38.

［21］何恩基.美国儿童网络保护政策分析［J］.电化教育研究，2002（4）：62-66.

［22］李爱娟.互联网时代对未成年人隐私权保护的法律思考［J］.法制博览，2019（10）：215.

［23］何士青，王涛.论财产权是一项基本人权［J］.求索，2004（1）：91-94.

[24] 吴用.论儿童法律地位的演进[J].中国青年研究,2008(2):49-53.

[25] 周学峰.未成年人网络保护制度的域外经验与启示[J].北京航空航天大学学报(社会科学版),2018,31(4):1-10.

[26] 姜闽虹.德国对青少年的网络聊天管理及保护[J].北京青年研究,2014,23(1):82-86.

[27] 黄忠.隐私是阻碍网络虚拟财产继承的理由吗[J].财经法学,2019(4):50-63.

[28] 季为民.建立中国特色未成年人互联网运用保护规制体系[J].青年探索,2019(4):5-16.

[29] 周宵鹏.个人信息保护立法可期[J].浙江人大,2019(1):63-65.

[30] 郭少青,陈家喜.中国互联网立法发展二十年:回顾、成就与反思[J].社会科学战线,2017(6):215-223.

[31] 王苑.中国未成年人互联网网络个人信息保护的立法进路[J].西安交通大学学报(社会科学版),2019(6):133-139.

[32] 倪蕴帷.隐私权在美国法中的理论演进与概念重构:基于情境脉络完整性理论的分析及其对中国法的启示[J].政治与法律,2019(10):149-161.

[33] 郑飞,李思言.大数据时代的权利演进与竞合:从隐私权、个人信息权到个人数据权[J].上海政法学院学报(法治论丛),2021,36(5):137-149.

[34] 谢远扬.信息论视角下个人信息的价值:兼对隐私权保护模式的检讨[J].清华法学,2015,9(3):94-110.

[35] 邓刚宏.大数据权利属性的法律逻辑分析:兼论个人数据权的保护路径[J].江海学刊,2018(6):144-150+255.

[36] 朱理.网络隐私权的保障和冲突[J].网络法律评论,2001,1:230-241.

[37] WARMUND J. Can COPPA Work? An Analysis of the Parental Consent Measures in the Children's Online Privacy Protection Act[J]. Fordham

Intellectual Property, Media and Entertainment Law Journal, 2000: 189-216.

[38] HERTZEL, DOROTHY A. Don't Talk to Strangers: An Analysis of Government and Industry Efforts to Protect a Child's Privacy Online[J]. Federal Communications Law Journal, 2000: 429-451.

[39] NISSENBAUM H. Privacy in context: Technology, Policy, and the Integrity of Social Life[M]. Stanford: Stanford University Press, 2010: 140-147.

[40] GUINCHARD, AUDREY. Taking Proportionality Seriously: The Use of Contextual Integrity for a More Informed and Transparent Analysis in EU Data Protection Law[J]. European Law Journal, 2018: 434-457.

[41] STEINBERG S B. Sharenting: Children's privacy in the age of social media[J]. Emory Law Journal, 2016, 66: 841-884.

[42] LIVINGSTONE, THIRD. Children and young people's rights in the digital age: An emerging agenda[J]. New Media&Society, 2017: 657-670.

[43] SIMMONS, C. Protecting Children While Silencing Them: The Children's Online Privacy Protection Act and Children's Free Speech Rights[J]. Communication Law and Policy, 12(2), 2007: 119-142.

[44] HERSH M. Is COPPA a Cop Out? The Child On-line Privacy Protection Act as Proof that Parents, Not Government, Should Be Protecting Children's Interests on the Internet[J]. 28 FORDHAM URB. L.J., 2001: 1831-1878.

（二）国内外专著

[1] 蒋志培.网络与电子商务法[M].北京：法律出版社，2001.

[2] 张民安.侵扰他人安宁的隐私侵权[M].广州：中山大学出版社，2012.

［3］张民安.隐私权的比较研究［M］.广州：中山大学出版社，2013.

［4］张民安.美国当代隐私权研究［M］.广州：中山大学出版社，2013.

［5］泽赖兹尼.传播法判例：自由、限制于现代媒介［M］.王秀丽，译.北京：北京大学出版社，2007.

［6］吴鹏飞.儿童权利一般理论研究［M］.北京：中国政法大学出版社，2013.

［7］郭庆光.传播学教程［M］.2版.北京：中国人民大学出版社，2011.

［8］佟丽华.中国未成年人保护与犯罪预防工作指导全书：第1卷［M］.北京：光明日报出版社，2002.

［9］康树华.青少年法学［M］.北京：北京大学出版社，1986.

［10］肖厚国.古希腊社会的家庭及财产［M］.北京：法律出版社，2014.

［11］盖尤斯.法学阶梯［M］.黄风，译.北京：中国政法大学出版社，1996.

［12］徐爱国.西方法律思想史［M］.北京：北京大学出版社，2003.

［13］杨立新.人格权法专论［M］.北京：高等教育出版社，2005.

［14］谢永志.个人数据保护法立法研究［M］.北京：人民法院出版社，2013.

［15］郭瑜.个人数据保护法研究［M］.北京：北京大学出版社，2012.

［16］周汉华.个人信息保护前沿问题研究［M］.北京：法律出版社，2006.

［17］孙云晓，张美英.当代未成年人法律译丛：英国卷［M］.北京：中国检察出版社，2005.

［18］庞钊珺，杨进红，李玉芳.学前教育简史［M］.成都：西南财经大学出版社，2018.

［19］沃克.牛津法律大辞典［M］.北京社会与科技发展研究所，译.北京：光明日报出版社，1998.

［20］亚里士多德.政治学［M］.吴寿鹏，译.北京：商务印书馆，1997.

［21］柏拉图.柏拉图四书［M］.刘小枫，编译.北京：生活·读书·新知

三联书店，2015.

［22］柏拉图.柏拉图全集：第三卷［M］.王小朝，译.北京：人民出版社，2003.

［23］波兹曼.童年的消逝［M］.吴燕莛，译.北京：中信出版集团，2015.

［24］阿利埃斯.儿童的世纪：旧制度下的儿童和家庭生活［M］.沈坚，朱晓罕，译.北京：北京大学出版社，2013.

［25］筑波大学教育学研究会.现代教育学基础［M］.钟启泉，译.上海：上海教育出版社，1986.

［26］梅罗维茨.消失的地域［M］.肖志军，译.北京：清华大学出版社，2002.

［27］彭伯.大众传媒法：第十三版［M］.张金玺，译.北京：中国人民大学出版社，2005.

［28］奥威尔.一九八四［M］.董乐山，译.上海：上海译文出版社，2004.

［29］DE MAUSE L. The history of childhood［M］. New York: The psychohistory Press, 1974.

［30］FREEMAN M. Chilren's rights（Volume I）［M］. Surray:Ashgate Dartmouth, 2004.

［31］CUNINGHAM, VIAZZO. Child Labour in Historical Perspective: 1800-1985［M］. Pergine: Arti Grafiche, 1996.

［32］DINITTO. Social Welfare:Politics and Public Policy（6th Ed.）［M］. Boston:Pearson Education Inc, 2007.

（三）学位论文

［1］李延舜."权威与服从"语境中的未成年人隐私权保护研究［D］.苏州：苏州大学，2017.

［2］王莹.从微信父母"晒娃"现象论社交网络儿童信息隐私安全［D］.

北京：北京邮电大学，2017.

［3］张佳誉.论未成年人个人信息的法律保护［D］.广州：华南理工大学，2015.

［4］史潇瑶.未成年人网络隐私权保护问题研究［D］.昆明：云南大学，2015.

［5］马稳稳.新媒体环境下传统媒体报道未成年人犯罪的隐私侵权风险［D］.南京：南京大学，2015.

［6］周芸.未成年人网络隐私权研究［D］.北京：中国政法大学，2015.

［7］郭蕾.关于未成年人个人信息保护制度的立法研究［D］.济南：山东大学，2014.

［8］苏伟健.论中国未成年人网络隐私权的法律保护［D］.南宁：广西大学，2013.

［9］梁瞻.未成年学生个人信息的法律保护［D］.重庆：西南政法大学，2011.

［10］王晴.论未成年人隐私权保护与监护制度的冲突与平衡［D］.保定：河北大学，2010.

［11］祝琳.美国儿童网络隐私权法律保护制度研究［D］.长沙：湖南师范大学，2010.

［12］曾祥生.论中国未成年人网络隐私权的法律保护［D］.福州：福州大学，2017.

［13］李赞.保护儿童免受网络侵害的国际法律制度研究［D］.长沙：湖南师范大学，2006.

［14］于靓.论被遗忘权的法律保护［D］.长春：吉林大学，2018.

［15］王秀秀.个人数据权：社会利益视域下的法律保护模式［D］.上海：华东政法大学，2016.

［16］李媛.大数据时代个人信息保护研究［D］.重庆：西南政法大学，2016.

（四）电子文献

[1] 光明网.《2018年全国未成年人互联网使用情况研究报告》在京发布［EB/OL］.（2019-03-27）［2019-06-30］.https://baijiahao.baidu.com/s?id=1629159324521963213&wfr=spider&for=pc.

[2] 钟文灿.尹奇平.论"矜老恤幼"刑罚原则的重生［EB/OL］.（2013-02-26）［2019-11-30］.http://www.jcrb.com/procuratorate/theories/academic/201302/t20130226_1052698.html.

[3] 任子鹏.西方思想史：儿童观的发展［EB/OL］.（2011-07-12）［2019-08-30］.http://cul.china.com.cn/2011/07/12/content_4327874.htm.

[4] 魏武挥.从麦克卢汉到乔布斯：媒介技术与环境保护［EB/OL］.（2011-11-04）［2019-08-30］.http://weiwuhui.com/4484.html.

[5] 郑海平."淫秽色情"与言论自由：美国的经验［EB/OL］.（2013-08-20）［2019-12-30］.http://www.calaw.cn/article/default.asp?id=8876.

[6] 刘毅.电影审查或电影分级？中美比较法视野的研究［EB/OL］.（2018-12-21）［2019-12-30］.http://fzzfyjy.cupl.edu.cn/info/1062/9800_1.htm.

[7] 搜狐.晒娃却害娃被绑架，这些晒娃的小细节宝妈们要注意了［EB/OL］.（2018-01-02）［2020-01-12］.http://www.sohu.com/a/214370010_99893847.

[8] CNNIC.第49次《中国互联网络发展状况统计报告》（全文）中国互联网络发展状况统计报告［EB/OL］.（2022-02-25）［2022-04-12］.http://www.cnnic.net.cn/hlwfzyj/hlwxzbg/hlwtjbg/202202/P020220311493378715650.pdf.

[9] 联合国儿童基金会.2017年世界儿童状况：数字时代的儿童［EB/OL］.（2018-02-13）［2019-03-12］.https://www.useit.com.cn/thread-18039-1-1.html.

[10] 中华人民共和国国家互联网信息办公室.网络信息内容生态治理规

定［EB/OL］.（2019-12-20）［2020-02-07］. http://www.cac.gov.cn/2019-12/20/c_1578375159509309.htm.

［11］新华网.全国多地中小学教室画面被直播 被指侵犯学生隐私权［EB/OL］.（2017-03-11）［2020-01-12］. http://www.xinhuanet.com//2017-03/11/c_1120608182.htm.

［12］中国互联网行业协会.协会简介［EB/OL］.（2021-09-09）［2022-02-07］. http://www.isc.org.cn/xhgk/xhjj/.

［13］新华社.3月26日：《中国互联网行业自律公约》签署［EB/OL］.（2010-03-26）［2020-02-07］. http://www.gov.cn/lssdjt/content_1565171.htm.

［14］完美世界.儿童隐私保护指引［EB/OL］.（2019-10-01）［2020-02-07］. http://static.wanmei.com/passport/agreement/children.html.

［15］网易.儿童个人信息保护规则及监护人须知［EB/OL］.（2019-12-10）［2020-02-07］. http://gb.corp.163.com/gb/legal.html#etgrmain.

［16］抖音.亲子平台服务协议［EB/OL］.（2019-12-31）［2020-02-07］. https://www.douyin.com/guardian/.

［17］作业帮.作业帮大事记［EB/OL］.（2019-07-01）［2020-02-07］. https://www.zybang.com/question/index/homeabout.

［18］作业帮.儿童用户隐私政策［EB/OL］.（2019-12-12）［2020-02-07］. http://www.zybang.com/zuoyebang/xieyi/xieyi.html.

［19］SPOOKY.16-Year-Old Takes Mother to Court for Posting Photos of Him on Facebook［EB/OL］.（2018-01-15）［2020-01-12］. https://www.odditycentral.com/news/16-year-old-takes-mother-to-court-for-posting-photos-of-him-on-facebook.html#more-61821.

［20］CHAZAN D.French parents' could be jailed' for posting children's photos online［EB/OL］.（2016-03-01）［2020-01-12］. https://www.telegraph.co.uk/news/worldnews/europe/france/12179584/French-parents-could-be-jailed-for-posting-childrens-photos-online.html.

[21] FTC.Children's Online Privacy Protection Rule: Not Just for Kids' Sites [EB/OL].(2013-04-17)[2019-12-12]. https://www.ftc.gov/tips-advice/business-center/guidance/childrens-online-privacy-protection-rule-not-just-kids-sites.

[22] FTC. Video Social Networking App Musical. ly Agrees to Settle FTC Allegations That it Violated Children's Privacy Law[EB/OL].(2019-02-27)[2020-01-12]. https://www. ftc. gov/news-events/press-releases/2019/02/video-social-networking-app-musically-agrees-settle-ftc.

[23] GDPR. Fines/Penalties[EB/OL].(2018-05-23)[2020-01-12]. https://gdpr-info.eu/issues/fines-penalties/.

[24] KEANE S.GDPR: Google and Facebook face up to $9.3B in fines on first day of new privacy law[EB/OL].(2018-05-25)[2020-01-12]. https://www.cnet.com/news/gdpr-google-and-facebook-face-up-to-9-3-billion-in-fines-on-first-day-of-new-privacy-law/.

[25] LOMAS N.UK watchdog sets out "age appropriate" design code for online service to keep kids' privacy safe[EB/OL].(2020-01-22)[2020-01-29]. https://techcrunch.com/2020/01/22/uk-watchdog-sets-out-age-appropriate-design-code-for-online-services-to-keep-kids-privacy-safe/.

[26] RICHARD A.GDPR: France updates data protection laws[EB/OL].(2018-06-28)[2020-01-12]. https://www.pinsentmasons.com/out-law/analysis/gdpr-france-data-protection-laws-.

[27] TOOR A.French police tell parents to stop posting Facebook photos of their kids[EB/OL].(2016-03-01)[2020-01-12]. https://www.theverge.com/2016/3/2/11145184/france-facebook-kids-photos-privacy.

[28] DEARDEN L.German Police Warn Parents Not To Post Photos of Their Children on Facebook in Case Peadophiles Use Them[EB/OL].(2015-10-15)[2020-01-12]. https://www.independent.co.uk/life-style/health-

and-families/german-police-warn-parents-not-to-post-photos-of-their-children-on-facebook-in-case-paedophiles-use-a6695346.html.

[29] SWISHER K. Introducing the Internet Bill of Rights[EB/OL].(2018-10-04)[2020-02-07]. https://www.nytimes.com/2018/10/04/opinion/ro-khanna-internet-bill-of-rights.html.

（五）立法及规范性文件

[1] 1989年国际《儿童权利公约》Convention On The Right Of Child[EB/OL].(1989-11-20)[2020-02-07]. https://www.ohchr.org/en/instruments-mechanisms/instruments/convention-rights-child.

[2] 1998年美国《儿童在线隐私保护法》Children Online Privacy Protection Act[EB/OL].(2013-01-17)[2020-02-17]. https://www.ecfr.gov/current/title-16/part-312.

[3] 美国加州"橡皮擦"法案California Senate Bill No. 568SB[EB/OL].(2013-09-23)[2020-05-17]. https://leginfo.legislature.ca.gov/faces/billTextClient.xhtml?bill_id=201320140SB568.

[4] 美国《儿童防追踪法》Do Not Track Kids Act[EB/OL].(2018-05-23)[2020-04-17]. https://www.congress.gov/bill/115th-congress/senate-bill/2932.

[5] 2018年欧盟《通用信息保护条例》General Data Protection Regulation[EB/OL].(2018-05-23)[2020-04-17]. https://gdpr-info.eu/.

[6] 2018年英国《新信息保护法》Data Protection Act 2018[EB/OL].(2018-05-25)[2020-04-17]. https://www.legislation.gov.uk/ukpga/2018/12/contents/enacted.

[7] 2019年英国政府《在线危害白皮书》Online Harms White Paper[EB/OL].(2019-04-08)[2021-06-17]. https://www.gov.uk/government/consultations/online-harms-white-paper.

[8] 英国《年龄适宜准则》Age Appropriate Design: A Code of practices

for online service[EB/OL].（2019-09-02）[2021-06-17]. https://ico.org.uk/for-organisations/guide-to-data-protection/ico-codes-of-practice/age-appropriate-design-a-code-of-practice-for-online-services/.

[9] 2000年美国儿童网络保护法案 The Children's Internet Protection Act[EB/OL].（2000-12-21）[2020-06-17]. https://www.fcc.gov/consumers/guides/childrens-internet-protection-act.

[10] 爱尔兰个人信息保护法 Data Protection Act 1988[EB/OL].（2016-07-30）[2020-06-20]. https://www.lawreform.ie/_fileupload/RevisedActs/WithAnnotations/HTML/EN_ACT_1988_0025.htm.

[11] 欧盟 Council Recommendation of 24 September 1998（98/560/EC）[EB/OL].（1988-09-24）[2020-06-20]. https://eur-lex.europa.eu/legal-content/EN/ALL/?uri=CELEX%3A31998H0560.

[12] 欧盟 Green Paper On The Protection Of Minors And Human Dignity In Audiovisual And Information Services[EB/OL].（1996-10-16）[2021-06-20]. https://op.europa.eu/en/publication-detail/-/publication/8593679e-0099-4616-9fd0-c3b4fe67c8b4/language-en.

[13] 欧盟 Recommendation Of The European Parliament And Of The Council Of 20 December 2006（2006/952/EC）[EB/OL].（2006-12-27）[2021-06-20]. https://eur-lex.europa.eu/legal-content/EN/ALL/?uri=CELEX%3A32006H0952.

[14] 欧盟 Green Paper On The Protection Of Minors And Human Dignity In Audiovisual And Information Services[EB/OL].（1996-10-16）[2021-04-20]. https://op.europa.eu/en/publication-detail/-/publication/8593679e-0099-4616-9fd0-c3b4fe67c8b4/language-en.

[15] 欧盟 Directive 95/46/EC Of The European Parliament And Of The Council of 24 October 1995 on the protection of individuals with regard to the processing of personal data and on the free movement of such data[EB/OL].（1995-10-24）[2020-03-20]. https://eur-lex.europa.eu/

legal-content/EN/TXT/?uri=CELEX%3A31995L0046.

[16] 欧盟 Charter Of Fundamental Rights Of The European Union［EB/OL］.（2000-12-18）［2020-04-20］. https://www.europarl.europa.eu/charter/pdf/text_en.pdf.

[17] 中国《民法典》［EB/OL］.（2020-06-02）［2021-03-20］. http://www.npc.gov.cn/npc/c30834/202006/75ba6483b8344591abd07917e1d25cc8.shtml.

[18] 中国《未成年人保护法》［EB/OL］.（2020-12-07）［2021-03-20］. http://legal.people.com.cn/n1/2020/1207/c42510-31956951.html.

[19] 中国《个人信息保护法》［EB/OL］.（2021-08-20）［2022-03-20］. http://www.npc.gov.cn/npc/c30834/202108/a8c4e3672c74491a80b53a172bb753fe.shtml.

[20] 中国《儿童个人信息网络保护规定》［EB/OL］.（2019-08-23）［2022-03-20］. http://www.cac.gov.cn/2019-08/23/c_1124913903.htm.

[21] 中国《未成年人网络保护条例（征求意见稿）》［EB/OL］.（2022-03-14）［2022-03-20］. http://www.gov.cn/xinwen/2022-03/14/content_5678971.htm.

[22] 中国工业和信息化部关于电信服务质量的通告（2019年第2号）工信部信管函〔2019〕176号［EB/OL］.（2019-06-27）［2022-03-20］. https://www.miit.gov.cn/zwgk/zcwj/wjfb/tg/art/2020/art_bfca0a2fc5f249f0a953d417caf30317.html.

后　记

本书脱胎于我的博士论文，出书距离论文完成已经过去了两年。两年之间，未成年人隐私保护越来越受到重视，我国出台了大量的相关法律法规，国际上对于未成年人隐私保护的研究也进入了新的阶段。虽然不能将当前的新研究一一纳入本书，但是也尽我所能将想要表达的意思一一呈现，希望能够为未成年人网络保护及隐私保护提供一些见解。

仍然记得2019年在瑞士的小屋里，埋头苦写，日复一日做着删了改、改了删的自我斗争，曾经以为这种痛苦是没有尽头的，是永远看不到未来的，没有想到有一天，论文答辩通过了，我可以毕业了，也没想到有一天真的能把它付梓出版。感谢所有在我写作中给我提供帮助的老师、朋友，虽然学术写作一直是孤独的，一个人思考，自己对自己的战斗，但是"吾道不孤"，庆幸有志同道合的朋友们一路陪伴。感谢我的父母和亲人们给我无私的爱和包容，让我能够一直踏实地完成自己设定的目标。也感恩自己读博士的这段经历，让我能够有幸在人类历史的长河中，留下一点点微不足道的痕迹，证明我曾经来过。

孟禹熙

2022.3 北京